PRINCÍPIOS MILENARES

TIAGO BRUNET

PRINCÍPIOS MILENARES

10 leis espirituais
para uma vida de paz
e prosperidade

Copyright © Tiago Brunet, 2024
Copyright © Editora Planeta do Brasil, 2024
Todos os direitos reservados.

Edição de texto: Laís Chagas
Preparação: Caroline Silva
Revisão: Valquíria Matiolli e Fernanda Guerriero Antunes
Projeto gráfico e diagramação: Anna Yue
Capa: Anderson Junqueira

Salvo exceções, apontadas entre parênteses, as citações bíblicas foram retiradas da Nova Versão Internacional, da Biblica Inc. Todos os direitos reservados.

Dados Internacionais de Catalogação na Publicação (CIP)
Angélica Ilacqua CRB-8/7057

Brunet, Tiago
   Princípios milenares / Tiago Brunet. - São Paulo : Planeta do Brasil, 2024.
   272 p.

ISBN 978-85-422-2781-9

1. Desenvolvimento pessoal 2. Espiritualidade I. Título

24-3286   CDD 158.1

Índices para catálogo sistemático:
1. Desenvolvimento pessoal

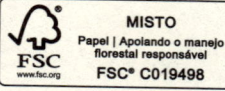

Ao escolher este livro, você está apoiando o manejo responsável das florestas do mundo

2024
Todos os direitos desta edição reservados à
EDITORA PLANETA DO BRASIL LTDA.
Rua Bela Cintra 986, 4º andar – Consolação
São Paulo – SP – CEP 01415-002
www.planetadelivros.com.br
faleconosco@editoraplaneta.com.br

Dedico este livro à minha mãe, Fani Brunet (*in memoriam*). Mãezinha, este é o primeiro livro que publico que você não lerá. Deus preferiu assim, ter você por perto dele. Eu te amarei e honrarei pra sempre. Seus netos, Jeanine e eu sentimos saudades enormes e eternas. Nós nos consolamos na esperança de nos vermos na eternidade.

À minha sogra, Ivelise de Carvalho (*in memoriam*). Depois de uma forte batalha contra o câncer, ela descansou no Senhor. Minha sogra, só Deus sabe a importância que você teve em minha vida e como você facilitou tanta coisa para que eu pudesse ser o homem que sou hoje. Vou cuidar para sempre do seu legado, da sua filha e dos netos que você tanto amava.

PREFÁCIO

Todos nós temos uma sede irrefreável de liberdade. É por isso que os bebês saem do colo da mãe para explorar o ambiente, jovens arriscam novas amizades, adultos suspiram por lugares nunca antes respirados e povos subjugados sonham em, cedo ou tarde, derrubar seu ditador.

Em contrapartida, nunca houve tantos escravos vivendo em sociedades livres. Escravos da necessidade de ser o centro das atenções, sem saber que o segredo da felicidade inteligente e sustentável se encontra nas coisas simples e anônimas. Escravos da intoxicação digital, expressa na ansiedade de responder a tudo e a todos, sem entender que uma pessoa livre jamais deve basear sua felicidade na opinião dos outros. Escravos do padrão de beleza, sem saber que aparência física e o desempenho intelectual estão nos olhos de quem vê e não pode ser vendida, comprada ou comparada. Escravos do radicalismo sociopolítico, sem saber que a discordância é um elemento necessário em todas as sociedades saudáveis. Escravos do ego, sem entender que o egocentrismo é um grande vilão para a saúde mental.

Há mais de 10 milhões de pessoas atrás das grades nas principais nações do mundo. E quantas pessoas estão encarceradas mentalmente? É impossível dar uma resposta exata a essa pergunta, mas as previsões não são muito animadoras. Estima-se que metade da população tem ou terá algum tipo de doença de ordem mental ao longo da vida – e talvez nem 1% delas faça um tratamento adequado, seja porque não têm acesso a profissionais, seja porque negam suas doenças.

Apenas recentemente nos demos conta do poder de nossa mente e de como empecilhos mentais podem ser muito maiores que qualquer oposição externa. Pensar não é apenas um atributo do eu, que representa a capacidade de escolha, o livre-arbítrio, a autonomia e a consciência crítica. Pensar também é fruto espontâneo de fenômenos inconscientes que produzem milhares de pensamentos diariamente, capazes de nos tornar mais criativos do que qualquer diretor de cinema de Hollywood. Mas, se não tivermos princípios regendo essa extraordinária criatividade, podemos usá-la para produzir muitos filmes de terror! Que tipo de filme você produz em sua mente?

Para alguns milhões de seres humanos, a resposta a essa pergunta é: histórias sobre o futuro. As preocupações em relação ao porvir podem ser uma fonte infinita de angústia. Para outros, o passado é o maior protagonista de seus filmes. Ruminam mágoas, perdas e decepções experimentadas, ainda que seja impossível voltar para o passado e fazer algo diferente. Mas há ainda muitas opções nesse catálogo de enredos: alguns sofrem de baixa autoestima, outros de insegurança; há quem enfrente a timidez ou a depressão.

A sociedade moderna também apresenta desafios para o bem-estar mental. Atualmente, uma criança de 7 anos tem mais informações que John F. Kennedy tinha no auge da Guerra Fria com a Rússia! Essa sobrecarga mental gera agitação, déficit de concentração, inquietação, entre outros problemas. Hoje também observamos quão frequentemente pessoas que são ótimas companhias para outros se transformam em verdadeiros carrascos quando se trata de suas próprias emoções.

Além desses desafios de ordem interna, há ainda as armadilhas típicas das relações sociais, tão antigas quanto o próprio homem. Muitas pessoas não são transparentes. Numa conversa de dez minutos, elas contam em média três mentiras ou meias-verdades! Outras nunca reconhecem erros, pois têm medo de se descobrir como um simples mortal que anda no traçado do tempo e que, em suas limitações, é falho e insuficiente. Ainda há aqueles que não sabem buscar e manter a paz, como os casais que, depois das promessas feitas no altar, passam a brigar por pequenas contrariedades.

Diante de tanta complexidade psíquica, tantas armadilhas e cárceres mentais, como alcançar uma existência mais plena? A resposta está no código que orienta nossos passos. Se quisermos enfrentar o mundo e gerenciar a nós mesmos, precisamos de princípios que governem, administrem, apaziguem e protejam a vida. Caso contrário, os solos da nossa personalidade – sejamos intelectuais ou iletrados, pais ou filhos, professores ou alunos, líderes espirituais ou seguidores, psiquiatras ou pacientes – serão terra de ninguém, um deserto insólito, cáustico, estéril e doente.

Esse é um dos objetivos fundamentais do inteligente e belo livro do meu estimado amigo Tiago Brunet, que comenta e ensina os 10 princípios milenares. Espirituais, atemporais e universais, esses códigos são a bússola para todos que desejam navegar para fora de seus cárceres mentais, rumo a uma vida sábia e cheia de propósito.

Tendo sido meu aplicadíssimo aluno no início da sua jornada – ousado, perspicaz, capaz de entender que quem vence sem riscos triunfa sem glórias, e com desejo enorme de contribuir para o desenvolvimento dos outros –, Tiago nunca perdeu os alicerces da humildade. E, como Jesus, o Mestre dos mestres, surpreendentemente nos ensinou, só é grande quem se faz pequeno para tornar grandes os pequenos. Hoje, Tiago se tornou um brilhante professor, mestre de professores.

Os 10 princípios milenares não são apenas importantes, mas essenciais. São ferramentas para que possamos nos tornar autores de nossa própria história, ousados, criativos, emocionalmente felizes, intelectualmente sábios, pacificadores, altruístas, líderes de nós mesmos antes de liderar outros.

Excelente viagem, jornada e leitura.

Augusto Cury
Psiquiatra mais lido no mundo, com diversas peças teatrais e longas-metragens (em fase de roteiro) baseados em suas obras. Autor do primeiro programa de Gestão da Emoção e de uma das raras teorias da atualidade sobre a construção do pensamento, da consciência e do funcionamento da mente. Professor do programa de mestrado e doutorado da Universidade de São Paulo (USP).

SUMÁRIO

Introdução........................13

Antes de começar..................21

Capítulo 1 – O princípio da maturidade..........23

Capítulo 2 – O princípio da verdade............51

Capítulo 3 – O princípio das palavras..........81

Capítulo 4 – O princípio da escuta............119

Capítulo 5 – O princípio da paz...............143

Capítulo 6 – O princípio da disciplina........167

Capítulo 7 – O princípio da generosidade......189

Capítulo 8 – O princípio da honra.............211

Capítulo 9 – O princípio do perdão............237

Capítulo 10 – O princípio da evolução espiritual....255

Agradecimentos....................271

> **A vida terrena não é fácil, mas não precisa ser cheia de fracassos.**
>
> TIAGO BRUNET

INTRODUÇÃO

Esperei muitos anos para escrever este livro. Ele reflete a essência de tudo que acredito ser importante para que os seres humanos sobrevivam e prosperem no mundo atual. É a resposta para quem busca uma vida de paz e sucesso.

Bom, existência terrena não é fácil para ninguém.

Talvez você admire alguém pela internet e imagine que a vida dele é perfeita, mas, como mentor de algumas celebridades e professor de vida de milhares de pessoas, te garanto: às vezes, são só aparências. Nem tudo é lindo como nas redes sociais.

Nossa peregrinação nesta terra equivale a abrir uma trilha no coração de uma floresta em busca do topo de uma montanha. Afinal, quem está por cima tem maiores chances de sobreviver. Paira sobre a humanidade o desejo de conquistar a vista privilegiada que as alturas proporcionam. Estar lá no alto é uma vontade intrínseca ao ser humano.

Do topo, é possível contemplar os trajetos já existentes – essa geralmente é a vista dos sábios ou virtuosos. Pode-se verificar o caminho mais curto para chegar a determinado destino. Avistar rios e entender como alcançá-los. Localizar perigos e saber como se desviar deles.

A maioria de nós, porém, está na mata fechada sem ao menos uma bússola. Tudo de que dispomos são os sentidos naturais, os instintos. Ah, os instintos!

As árvores oferecem sombra, mas abrigam predadores. Rios fornecem água, mas escondem perigos. Há medo, dúvida e angústia. Nesta vida, nem tudo o que parece é. Essa peregrinação terrena é cheia de incertezas, ataques de malfeitores, medos e traumas do passado, mas, acredite, há uma lição que deixa essa jornada repleta de paz e prosperidade.

"Venham a mim todos os que estão cansados e sobrecarregados, e eu darei descanso a vocês. Tomem sobre vocês o meu jugo e aprendam de mim, porque sou manso e humilde de coração, e vocês encontrarão descanso para as suas almas. Pois o meu jugo é suave, e o meu fardo é leve."

MATEUS 11:28-30

É uma questão de sobrevivência saber lidar com os riscos de forma atenta e estratégica. A folhagem atrapalha a visão, as sensações negativas invadem a mente e a esperança de finalizar o trajeto em segurança diminui a cada dia. A trilha da existência é íngreme.

Já tive a oportunidade de estar em cima de montes e também de sobrevoar uma cidade de helicóptero. Como entendemos melhor a vida lá embaixo quando a observamos de cima! E é exatamente isso que os princípios milenares fazem conosco: nos levam para o alto e nos dão a ótica necessária para que a vida não pareça assustadora e cruel.

Dos mais endinheirados aos superespiritualizados, todos enfrentam adversidades. Somente princípios que vêm dando certo há milênios podem te fazer enxergar as saídas desse matagal assustador da nossa existência.

Será que o ser humano realmente está fadado ao sofrimento de viver preso nessa floresta ou conseguirá alcançar o topo do monte, onde a vida pode ser próspera, colecionando a paz e a vitória em todas as áreas?

Nos últimos anos, eu me dediquei a estudar e a pesquisar sobre como facilitar a jornada terrena. Perdi a minha mãe em setembro de 2021 e fui levado a refletir ainda mais intensamente sobre a vida. Sei que não posso definir como e quando encerrarei a minha existência física, mas entendi que posso decidir como viver enquanto estiver por aqui: ajudando o máximo de pessoas possível a alcançar a visão estratégica do alto. Ou seja, independentemente das dificuldades da vida, *saber vivê-la*.

Vista privilegiada, decisões acertadas.

Com a visão panorâmica, é mais fácil decidir o caminho a seguir. Observar do alto possibilita o aumento de consciência a respeito dos obstáculos que podem nos deter e da trilha mais rápida para chegarmos ao nosso destino.

Estudo esse assunto há quase uma década e já entrevistei alguns dos homens e mulheres mais influentes do nosso país. A partir dessa *expertise*, concluí que **enxergar as possibilidades que serão mais frutíferas e optar por seguir caminhos divinamente previstos (o que, para mim, é uma definição de felicidade) são capacidades desenvolvidas por aqueles que praticam princípios espirituais**. Releia essas últimas linhas! Sim, releia.

Este livro oferece conteúdo filosófico, bíblico e empírico para que você possa remover algumas pedras do seu caminho. Não existe fórmula mágica para alcançar essa vista, mas os princípios apontam o caminho. Através deles, você vai atravessar a vida com menos acidentes de percurso.

Ao chegar ao cume, seus relacionamentos podem melhorar muito. Seus negócios podem decolar. Sua vida emocional vai florescer.

Você deve estar questionando: "Tiago, se basta cumprir esses princípios para ter uma vida melhor, por que as pessoas simplesmente não os cumprem?". A resposta é fácil: porque a maioria dos princípios espirituais e milenares contraria os nossos sentimentos e as nossas emoções. Por exemplo, como praticar o princípio irrefutável da honra se o seu pai o abandonou ou abusou de você? E se a sua mãe for uma narcisista? Como cumprir o princípio da verdade quando vivemos numa sociedade *fake* que valoriza a imagem projetada nas redes sociais? Como ser generoso se aqueles que estão à sua volta querem sugá-lo como parasitas?

Eu me comprometo a ensinar você, nas próximas páginas, a se blindar e a se colocar na direção certa para ter êxito na travessia da sua selva particular. Ensinarei os 10 princípios milenares e espirituais, que também são atemporais e universais. Contra eles, não há lei; e, principalmente, eles têm uma base escrita ancestral a ser consultada.

> **Princípios existem para proteger você. Códigos espirituais foram divinamente criados para blindar e promover sua vida.**

TIAGO BRUNET

Cumpri-los é difícil, mas é a única maneira de viver que nos possibilita ter resultados permanentes e seguros. Garanto que ser guiado por sentimentos ou opiniões alheias também nos conduz a um resultado cruel. Escolha o seu difícil. Escolha com sabedoria. A vida terrena não é fácil, mas não precisa ser cheia de fracassos. Ela pode ser repleta de paz e prosperidade! Com decisões duras, mas assertivas, você conseguirá colecionar vitórias durante o percurso e ainda alcançar o sucesso.

Meu propósito com este manual é que você aprenda, pratique e passe a ter a visão privilegiada de quem enxerga as estradas da vida do alto do monte por meio de **evolução espiritual**, **expansão da consciência** e **sabedoria infinita**.

Faça agora um compromisso de estudar um princípio por dia e, em dez dias, sua vida será outra. Está chegando o alívio dos seus fardos, bem como a paz que você procura, a prosperidade de que você precisa. Mas faça sua parte.

Venha comigo: a mudança começa agora!

Tiago Brunet

> **Os problemas da vida não vão parar se você se revoltar, mas não vão te derrubar se você amadurecer.**

TIAGO BRUNET

ANTES DE COMEÇAR

A base de todos os princípios que dão certo há milênios é a humildade. Mas ser humilde não é se reduzir ou ser aparentemente menor que outros: é um estado de espírito, é a forma do seu coração.

É não ter coragem de sentir-se melhor que ninguém. É saber exatamente quais suas limitações e seus defeitos, e não conseguir ser altivo e rebaixar alguém. Significa honrar os outros, ajudar a quem precisa e compartilhar o que temos.

Humildade é a fundação do verdadeiro sucesso. Ninguém suporta um orgulhoso. Acima de tudo, a humildade é quebrantamento e arrependimento. É perceber, assumir, confessar e consertar seus erros.

É reconhecer que você jamais fará algo de bom se não for com a ajuda do Espírito Santo de Deus.

Aí, sim, você estará no caminho da humildade.

Quem diz que não erra, quem diz que consegue sozinho, quem diz que não precisa de ninguém, quem diz que nasceu assim e não vai mudar, já está nas mãos diabólicas do orgulho e seu fim será terrível.

Sem humildade, não haverá cumprimento de nenhum princípio.

CAPÍTULO 1

O princípio da maturidade: a lei espiritual inalcançável

―――

"Quando eu era menino, falava como menino [...].

Quando me tornei homem, deixei para trás as coisas de menino."

1 CORÍNTIOS 13:11

―――

Você, que já é adulto, já abandonou as infantilidades emocionais?

Crianças não costumam ser maduras. Quando nascem, não sabem de nada e dependem de tudo e de todos. À medida que crescem e aprendem com os mais velhos, ganham certa independência e autonomia, mas ainda têm dificuldade de lidar com suas emoções e realizar tarefas que consideram desagradáveis, como fazer o dever de casa ou arrumar o quarto. Por isso, muitas vezes, choram, fazem pirraça e exigem que suas vontades sejam atendidas.

Ter maturidade, emocional e espiritual, é ser um filtro, e não uma esponja.

Adultos costumam ser mais maduros que as crianças, uma vez que, devido à pouca idade e experiência, os pequenos não conseguem prever o resultado de uma situação provocada por uma palavra ou atitude. Por exemplo, tendo passado dos 40 anos, tenho a capacidade de saber como vai terminar um conflito provocado por um xingamento e a importância de manter a casa limpa. Uma criança, não.

Contudo, a maturidade não é um atributo que vem *necessariamente* com a idade. Na verdade, é uma lei espiritual que pode ser praticada em qualquer fase da vida. Esta é a característica em comum dos que alcançaram a felicidade: apesar das tempestades externas, sempre estão em paz internamente.

Agora, curiosamente, a maturidade é uma lei espiritual inalcançável porque a sua etimologia já revela que essa palavra significa estar totalmente pronto, o que jamais estaremos. Então, o objetivo deste capítulo é fazer você abandonar as coisas de criança e buscar todo dia agir como adulto, como uma pessoa madura.

Ou seja, **ter maturidade significa fazer o que precisa ser feito, e não apenas o que queremos. E maturidade não é um estado de espírito, mas uma busca constante**. Entendido?

É o estilo de vida de quem é próspero, porque, por meio da maturidade, nem sempre você terá o que quer, mas sempre alcançará o que precisa. É fruto da sabedoria, e, com ela, os problemas de um ser humano são consideravelmente reduzidos.

Maturidade! Com ela somos úteis à sociedade e trazemos benefícios aos que convivem conosco. Não entramos em qualquer conflito, conhecemos bem a nós mesmos e tratamos as pessoas da melhor maneira possível, porque sabemos que a vida dá voltas e colhemos tudo que plantamos.

Entendemos a vida e sabemos lidar com seus processos. Como o apóstolo Paulo nos ensina em sua Carta aos Coríntios: "Quando eu era menino, falava como menino, pensava como menino e raciocinava como menino. Quando me tornei homem, deixei para trás as coisas de menino" (1 Coríntios 13:11).

Será que isso é verdade na sua vida?

Conheço homens de 50 anos que são meninos nas emoções, e jovens de 30 que já amadureceram o suficiente para viver com excelência.

É comum termos de lidar com situações negativas com uma frequência maior que a desejada. Acredito que a maioria das pessoas enfrenta pelo menos uma circunstância indesejada por mês, nem que seja o fim do último chocolate que gostaria de encontrar na prateleira do mercado. É impossível não ter de lidar com alguma condição negativa na vida.

Existem muitas formas de reagir ao que acontece. No tempo em que você era estudante, nas aulas de física na escola, você ouviu sobre a Terceira Lei de Newton, que diz: "A toda ação há sempre uma reação oposta e de igual intensidade: as ações mútuas de dois corpos um sobre o outro são sempre iguais e dirigidas em sentidos opostos".[1] Essa lei da

---

1 HELERBROCK, Rafael. Leis de Newton. *Brasil Escola*. Disponível em: https://brasilescola.uol.com.br/fisica/leis-newton.htm#3%C2%AA+Lei+de+Newton. Acesso em: 23 out. 2023.

física é da área da mecânica e ficou popularmente conhecida como Lei da Ação e Reação. Simplificando o conceito, pode-se dizer que toda ação gera uma reação. É verdade. E é o nosso nível de maturidade que determina nossas reações. O segredo é que, se sua reação for desproporcional à ação que a provocou, é você que vai sofrer, entende?

Lei da Ação e Reação. Bateu, levou. Olho por olho, dente por dente. Ladrão que rouba ladrão tem cem anos de perdão. Seja qual for a fonte de conhecimento que você use para justificar as reações que você considera proporcionais às situações negativas que aparecem, entenda que, na estrada da vida, seu nível de maturidade determinará sua reação. E seu estado de espírito depende disso.

Lembre-se, porém, que a maneira como você reage define seus próximos anos. Veja o que Jesus de Nazaré disse sobre isso:

> Vocês ouviram o que foi dito: "Olho por olho, dente por dente". Mas eu digo: não resistam ao perverso. Se alguém o ferir na face direita, ofereça-lhe também a outra. E, se alguém quiser processar você e tirar de você a sua túnica, deixe que leve também a capa. Se alguém o forçar a caminhar com ele uma milha, vá com ele duas. (Mateus 5:38-41)

Essa é a proposta espiritual de maturidade ensinada por Jesus. Mesmo que você saia em aparente desvantagem, resolva o problema no mesmo dia em que ele surgir. Em outras palavras, **não deixe problemas pequenos se transformarem em problemas gigantes por causa do seu orgulho**.

Repito sempre uma frase minha para meus colaboradores: "**Cada um escolhe o seu destino**". É importante que eles a entendam e que eu também não a esqueça, pois não devo ficar ressentido com a decisão deles; afinal, ter alma livre é uma característica de pessoas maduras. Pessoas de alma livre são aquelas que aprenderam a lidar com seus sentimentos de maneira saudável, o que significa que suas emoções não estão presas às situações vividas no passado. Isto também é sinal de maturidade: saber lidar consigo mesmo e estar em paz com o que já passou e que não pode ser mudado.

> Cada um escolhe o seu destino com suas palavras e atitudes: seu nível de maturidade determinará como será seu futuro.

Outra característica da maturidade é ter uma ideia de como a história termina. Como eu já disse, crianças são imaturas porque não conseguem observar as conjunturas e prever qual será a consequência de uma decisão ou atitude. Logo, agem sem pensar e repetem o erro até aprender. Adultos, por sua vez, ao menos teoricamente, deveriam saber melhor.

Lembro-me de certa madrugada fria do inverno de São Paulo em que José, meu segundo filho, na época com 4 aninhos, foi para o meu quarto e me acordou às cinco horas da manhã. Para minha surpresa, José queria me perguntar se, quando crescesse, ele iria se casar. Eu nem acreditei!

Respondi sorrindo e com aquela voz grogue de quem foi acordado de supetão, que quase não sai da boca: "Filho, não são nem cinco da manhã. Que pergunta é essa?".

Minha resposta não teve nenhum efeito sobre aquele menino curioso. Zé escalou a cama, sentou-se de pernas cruzadas e continuou, com a testa franzida digna da sua inquietude: "Papai, se eu me casar e for morar em outra casa, quem vai cuidar de mim?". A dúvida do meu menino me fez rir. Na verdade, tive até vontade de gargalhar – cinco horas da manhã e uma questão dessas! –, mas me contive para não acordar a Jeanine, minha esposa.

Ainda tão novo, José precisava de muitos cuidados e ainda não tinha independência. A base de seu questionamento era a de um pequeno menino que precisava de alguém para lhe dar banho, para ajudá-lo a se alimentar, para colocá-lo para dormir... e, por algum motivo, José se deu conta de que, após o casamento, o filho não mora mais com os pais. Ao analisar esses pontos, entendi que se tratava de um tipo de ansiedade quanto ao futuro. Ele queria saber como seria viver sem os pais, uma vez que precisava de nós para quase tudo.

Eu o abracei e dei-lhe um beijo apertado em sua bochecha. Logo em seguida, olhei profundamente nos olhos dele e disse: "Filho, não dá para ver o futuro com a cabeça do presente. **O sentido de algumas ações e decisões, como sair da casa dos pais e se casar, só pode ser entendido com o tempo, quando crescemos e amadurecemos.** Sua preocupação hoje deve ser dormir, porque daqui a pouco já é horário da escola".

Essa lógica não vale somente para as crianças – é uma verdade para todos nós.

> Só quem já cresceu por dentro pode
> ousar e imaginar seu próprio destino.

As Escrituras Sagradas afirmam que há uma grande diferença entre quem já é maduro e quem não é, independentemente de sua idade:

> Quanto a isso, temos muito o que dizer, coisas difíceis de entender, porque vocês se tornaram negligentes para ouvir. Pois, embora a esta altura já devessem ser mestres, precisam de alguém que ensine a vocês novamente os princípios elementares da palavra de Deus. Estão precisando de leite, não de alimento sólido! Quem se alimenta de leite ainda é criança e não tem experiência no ensino da justiça. No entanto, o alimento sólido é para os adultos, os quais, pelo exercício constante, se tornaram aptos para discernir tanto o bem quanto o mal. (Hebreus 5:11-14)

Ao longo da minha vida, suei e trabalhei com dedicação para conquistar muitas coisas. Há benefícios que podemos obter com dinheiro; outros, porém, custam tempo ou emoção, ou são gerados por meio da dor. De tudo que lutei para ter, a maturidade foi a mais dolorosa de desenvolver. Sim, em sua totalidade ela é inalcançável, afinal de contas, qual ser humano será 100% bom e perfeito? Porém, ela pode ser desenvolvida em nós, e tudo começa com uma decisão. Como me custou amadurecer! Por esse motivo, sou muito cuidadoso com minha vida, como o Livro da Sabedoria Milenar, que nós conhecemos como Bíblia, ensina: "Tenham cuidado com a sua maneira de viver: que não seja como insensatos, mas como sábios, aproveitando ao máximo cada oportunidade, porque os dias são maus" (Efésios 5:15,16).

Recentemente, eu estava em um evento no Brasil com cinco mil pessoas reunidas em um ginásio para escutar a palestra. Ao subir no palco, avistei no meio das arquibancadas um homem com quem, cerca de vinte anos atrás, tive muitas desavenças. Para ser mais preciso, na época, nossa discórdia quase se tornou uma luta física. Que tensão!

Contudo, o tempo quase tinha fechado a ferida que eu carregava; além disso, dias depois do nosso último desentendimento, nós conversamos e nos perdoamos mutuamente. Não mantivemos contato e seguimos nossa vida até aquele reencontro.

O evento era grande. Muitas pessoas tinham se deslocado de diferentes cidades do país para participar. Eu estava na lista dos autores mais vendidos do Brasil com o livro *Especialista em pessoas*[2] e, do nada, reconheci aquele homem no meio da multidão. Ele estava naquele lugar lotado, mas meus olhos o encontraram. Nesse momento, parei a palestra, olhei para ele e, usando o microfone, perguntei se ele era quem eu pensava. Assim que ele balançou a cabeça afirmativamente, pedi que os seguranças o buscassem e o colocassem na primeira fileira. Essa foi a maneira que encontrei naquele momento de honrá-lo de forma pública.

A maturidade mata o orgulho e cancela a vingança.

É comum alimentarmos sentimentos pesados e negativos por pessoas que erraram conosco. De um jeito leve

---

[2] BRUNET, Tiago. *Especialista em pessoas: soluções bíblicas e inteligentes para lidar com todo tipo de gente.* São Paulo: Planeta, 2020.

ou agressivo, intencionalmente ou não, essas emoções são mantidas porque há erros cometidos contra nós que são difíceis de esquecer.

A maturidade, porém, permite que tanto pessoas como sentimentos saiam de nossa vida, porque não precisam nem podem mais estar ali ocupando espaço. É necessário se desprender do que já passou, de tudo aquilo que já não faz mais parte da sua vida. Até mesmo quando a vivência passada foi positiva, se não é mais parte da sua realidade, é essencial que seja deixada de lado para que você possa viver o que ainda está por vir. Não é possível alcançar a paz e a prosperidade se você estiver preso no passado.

> Existe algum sentimento ou alguém na sua história de vida que precise ser deixado de lado para que você possa viver o que está por vir? Essas pessoas ou situações foram positivas ou negativas na sua história? Você ainda está preso a esse passado? O que o impede de seguir adiante e dar o passo de maturidade que pode transformar sua vida?
>
> _____
> _____
> _____
> _____
> _____
> _____
> _____

Maturidade é não se sentir ferido pela opinião dos outros, e também não fazer tempestade em copo d'água por causa da infantilidade daqueles que o cercam. Brigas, fofocas, intrigas, separações, quebras financeiras, ansiedade... Todas essas e tantas outras situações neste mundo podem ser fruto da imaturidade humana.

> Nada protege mais o ser humano
> do que a maturidade que ele desenvolve.

Agora preste atenção nesta verdade: **passar por problemas não gera maturidade; vencê-los, sim!**
"Ah, Tiago, e como posso vencer algo com o qual nem mesmo sei lidar?" Essa pergunta não tem uma resposta simples e, além disso, pode estar acompanhada de diversas outras, como: Por que maridos saem de casa e abandonam filhos, quebrando a aliança feita no altar, para viver com uma amante qualquer? Por que filhos que foram bem-cuidados pelos seus pais se tornam rebeldes? Por que pessoas nascidas e criadas segundo os princípios milenares decidem viver o lado mais obscuro da vida? Minha resposta é que, sem maturidade, homens agem como meninos, líderes viram ditadores e quem ama fere como se odiasse.
A maturidade é o resultado do seu crescimento emocional e espiritual.

> **Sem maturidade, homens agem como meninos, líderes viram ditadores e quem ama fere como se odiasse.**

TIAGO BRUNET

Maturidade é perceber o que não lhe serve mais e desapegar. É saber o que não combina mais com quem você se tornou e deixar que isso vá embora. É como quando você olha uma foto antiga e estranha o estilo do seu corte de cabelo ou a roupa que você costumava usar. Talvez você pense que era a moda da época ou que era coisa de jovem. O fato é que, em determinado momento, você mudou e abandonou aquele corte de cabelo e aquele estilo de vestuário. Com essa pequena ilustração, pode-se dizer que você amadureceu em relação a como você se apresenta. Tomarei a liberdade de usar um trecho da Bíblia com uma aplicação diferente da mais convencional. Acredito que é útil tomá-lo como referência para essa situação: "[...] uma coisa faço: esquecendo-me das coisas que ficaram para trás e avançando para as que estão adiante, prossigo para o alvo [...]" (Filipenses 3:13,14).

Amadurecer também significa assumir responsabilidades e fazer o que tem que ser feito, não o que se quer fazer. Aceitar os desafios do futuro sem abandonar a coerência do presente. Maturidade é fazer o que dá certo, não o que suas emoções exigem.

> A maturidade evita guerras
> que você certamente perderia.

ESTÁ DETERMINADO

Aqui está uma verdade que não podemos esquecer: se Deus levantou, ninguém consegue derrubar. Ao longo da história, vemos inúmeros casos de pessoas que tentaram derrubar quem lhes parecia ser do mal. Esqueceram-se, porém, de que não é possível vencer quem tem a proteção divina.

Um exemplo é o rei Davi, de Israel. Muitos tentaram tirá-lo do trono, inclusive seu filho Absalão, que participou do golpe de Estado (leia a história em 2 Samuel 15-18). Contudo, nada remove alguém de um lugar quando foi Deus quem o colocou lá. Destino! Não é possível lutar contra ele.

Davi foi o homem segundo o coração de Deus, mesmo tendo errado muito durante sua trajetória. Desde a adolescência, no entanto, demonstrava maturidade, algo que podemos observar desde o relato de seu confronto com o gigante Golias[3].

A maturidade não nos livra de erros, mas os reduz consideravelmente e nos ensina a lidar com cada um deles.

Outro personagem bíblico nos mostra que a maturidade nos livra de muitos problemas. Trata-se de Gamaliel, um fariseu, doutor da Lei, que, no século 1, ocupava um lugar de destaque no Sinédrio, a suprema corte dos judeus na época de Jesus. Depois de Cristo ter sido morto na cruz, a perseguição romana aos judeus foi ampliada para todos os seguidores de Jesus. O livro de Atos – que narra, entre outros fatos, o início da Igreja – conta que os fariseus, grupo religioso judeu daquela época, apertaram o cerco contra os apóstolos e buscavam de toda maneira impedi-los de espalhar a mensagem do reino deixada por Jesus.

---

3 A história da maneira impressionante como Davi derrotou Golias sem armadura nem espada, usando uma estratégia peculiar, está registrada em 1 Samuel 17:20-54.

Certa vez, o caso chegou a Gamaliel, que era muito respeitado por seus pares e pelo povo de Israel. O homem resolveu o problema com maturidade. Alguns apóstolos de Jesus foram presos e levados ao Sinédrio, e Gamaliel mandou soltá-los. Como conta o trecho de Atos 5:35-39:

> — Israelitas, considerem cuidadosamente o que pretendem fazer a esses homens. Há algum tempo, apareceu Teudas, reivindicando ser alguém, e cerca de quatrocentos homens se juntaram a ele. Ele foi morto, e todos os seus seguidores se dispersaram e acabaram em nada. Depois dele, nos dias do recenseamento, apareceu Judas, o galileu, que liderou um grupo em rebelião. Ele também foi morto, e todos os seus seguidores foram dispersos. Portanto, neste caso eu os aconselho: deixem esses homens em paz e soltem-nos. Se o propósito ou a atividade deles for de origem humana, fracassará; se proceder de Deus, vocês não serão capazes de impedi-los, pois se acharão lutando contra Deus.

Que final incrível, não é? Quando Gamaliel diz "esses homens", refere-se a Pedro e aos apóstolos. Como sabemos, o propósito deles foi dado por Deus, e a mensagem que carregavam, a de Jesus, continua se espalhando por todo o mundo cerca de dois mil anos depois de sua morte. Quando algo vem de Deus, ninguém pode parar.

Não devemos lutar contra quem Deus decidiu levantar.

Contarei, a seguir, uma história pessoal. É um relato triste que até hoje me surpreende. Anos atrás, um amigo me feriu profundamente. Nós tínhamos contato diário e uma relação de muita confiança, por isso até hoje não entendo como ele deixou seu lado emocional ficar tão desordenado a ponto de rasgar ao meio a nossa amizade.

Era um dia muito importante para mim, um dos mais significativos da minha vida até então. Nessa data tão especial, ele decidiu me destratar publicamente. O ego dele se inflou a ponto de ficar maior que a nossa amizade.

Diante de muitas pessoas, ele me reduziu e fez pouco caso de mim. Hoje entendo que o crescimento que eu estava vivenciando à época o estava corroendo por dentro. Pessoas imaturas não sabem lidar com a vitória dos outros. Não celebram conquistas alheias e ficam incomodadas com os resultados de terceiros.

Eu poderia até compreender uma atitude como essa vinda de um rival, de um invejoso, mas nunca de um amigo tão próximo. Foi pesado. Fiquei com muita raiva, pensei em reagir e em devolver o mal com o mal.

Contudo, na hora, engoli as palavras e me mantive em silêncio. Nos dois dias seguintes, no entanto, remoí o acontecido. Repassei aquela cena diversas vezes pela minha mente; revisitei toda a nossa amizade em busca de algo que o tivesse motivado e não encontrei. O resultado é que minha alma ficou inflamada de tanta angústia e raiva. Você já foi traído por um amigo, uma amiga? Já foi desprezado por alguém que amava? Se você respondeu que sim pelo menos a uma dessas perguntas, compreende o que senti durante aqueles dias.

Foi difícil, precisei de tempo, mas consegui me reequilibrar. Meus pensamentos se fixaram em algumas verdades: tudo o que esse amigo tinha e era lhe fora dado por Deus (ele é um reconhecido líder cristão); ao longo da vida, passou por dificuldades extremas, situações que poderiam tê-lo derrubado, contudo ele seguia de pé.

**A maturidade nos faz entender
o que vale a pena e o que não vale.**

Cheguei à conclusão de que esse ex-amigo errou, sim, comigo, mas não estava condenado por causa disso. A matemática era simples: apesar daquele erro, Deus estava com ele. Sim, ele falhou seriamente, eu estava ferido por isso, mas Deus gostava dele. Ponto. Não posso lutar contra quem Deus decidiu abençoar.

Quando alguém escolhido por Deus erra, é o próprio Deus que vai tratar esse assunto com a pessoa, e não quem foi ferido!

Esse ex-amigo é o homem que, tempos depois, vi na minha conferência e coloquei em lugar de honra. Nesse dia, eu me dei conta de que estava amadurecendo, aprendendo a lidar com meus sentimentos e a dominá-los. Você se lembra de quando Davi cobiçou a mulher de um soldado? Ele teve um caso com ela e, quando a moça engravidou, ainda mandou que o marido dela fosse colocado no fronte da batalha, para morrer. Deus usou o profeta Natã para exortar Davi e levá-lo ao arrependimento (2 Samuel 11:1-12:9). Ou seja, foi o próprio Deus quem corrigiu o comportamento errado de seu escolhido.

Mesmo que eu tenha experimentado o amargo gosto da raiva e da decepção, não ousei me levantar contra aquele homem ou revidar a humilhação sofrida. Eu sabia que, quando tocamos em quem Deus levanta, quando ferimos a quem Deus gosta, compramos uma briga ainda maior.

**Minha *raivinha* não pode ser maior
que o meu entendimento espiritual.**

É importante você saber que, no mundo espiritual, **toda quebra de princípios tem consequências**. Essa premissa é válida para qualquer pessoa. Qualquer uma!

A MATURIDADE DE DR. KING

Sim, o respeito às autoridades é garantido pelo princípio da maturidade. No Livro da Sabedoria Milenar, está escrito: "[...] não há autoridade que não venha de Deus; as autoridades que existem foram estabelecidas por ele" (Romanos 13:1). A orientação bíblica é orar pelos governantes, conforme 1 Timóteo 2:1,2 diz claramente:

> Antes de tudo, peço que se façam súplicas, orações, intercessões e ações de graças por todos os homens; pelos reis e por todos os que exercem autoridade, para que tenhamos uma vida tranquila e pacífica, com toda a piedade e dignidade.

Nesse assunto, Martin Luther King Jr. (1929-1968) nos deu aula. Em plena década de 1960, em meio a uma violenta segregação racial, Dr. King começa suas manifestações e luta pelos direitos civis dos negros.

Sim, eu admiro o Dr. King. Ele foi às ruas e buscou seus direitos, mas sem quebrar princípios e nos ensinando como ser maduros em um mundo de sentimentos infantis.

Ele liderou um movimento que reuniu milhares de pessoas e culminou com o fim da segregação racial nos Estados Unidos. No entanto, ele fez tudo isso sem jamais quebrar o respeito à autoridade. E repare: eram autoridades que separavam negros e brancos. Eram autoridades que defendiam o que Dr. King repudiava. Ainda assim, ele manteve o respeito. E é necessário ter muita maturidade para agir assim. As marchas organizadas e impulsionadas pelo Dr. King eram antiviolência. O grande líder americano, inspirado por Mahatma Gandhi (1869-1948), ativista pacifista indiano, trabalhou para promover a paz entre negros e brancos. Era contra o sistema, não contra o presidente Lyndon Johnson (1908-1973) nem contra John F. Kennedy (1917-1963). A preservação desse princípio fez King lutar pelos seus direitos sem ferir os dos outros.

Outro exemplo nesse sentido é história de Davi e do rei Saul. Lembra-se? Um trecho dela reforça a importância desse princípio. Veja: nossa mente sempre vai apontar alternativas. Em algum momento, vai buscar um caminho mais confortável ou de maiores possibilidades. Contudo, vale o que está escrito: não há autoridade constituída sem autorização de Deus. O jovem Davi sabia disso e seu posicionamento diante dos ataques de Saul chega a nos constranger. Como ele conseguiu? Como suportou?

> **Davi escolheu não tocar no rei Saul mesmo quando o governante estava errado.**

Vamos à história. Há cerca de três mil anos, o profeta Samuel foi enviado por Deus para ungir o jovem Davi, filho caçula de uma família que tinha oito filhos. Na época, Samuel atuava como um intermediador entre Deus e o povo de Israel. Portanto, não era qualquer pessoa que tinha a honra de recebê-lo em casa – e, com Davi, foi muito mais que uma visita cordial.

O profeta foi à casa dele e o selecionou entre os irmãos para, em seguida, ungi-lo como próximo rei da nação israelita.

O ato da unção significa consagração, ou seja, que alguém está sendo separado para um destino específico. Na época do Antigo Testamento, eram ungidas as pessoas que seriam levantadas como profetas, sacerdotes e reis. Depois da impactante visita de Samuel, Davi sabia que era especial para Deus e que seu futuro seria glorioso. Ele não tentou adiantar o tempo para alcançar seu destino, pois implicaria quebrar um princípio. Quando ele foi ungido, o rei de Israel era Saul. Enquanto pôde, Davi submeteu-se à autoridade daquele rei e fugiu somente porque o próprio governante tentou matá-lo.

Davi sabia que seria o próximo rei, mas ele não fez nada para derrubar quem estava no trono e, assim, desfrutar seus dias de majestade e glória. Se Saul era o rei, certamente o era com a autorização de Deus. O valente que venceu Golias até teve a chance de matar Saul na época em que este o perseguia. Ele poderia ter dado cabo da vida do seu perseguidor e dito: "Fez por merecer". Em vez disso, porém, veja o que lemos em 1 Samuel 26:7-11:

> Davi e Abisai entraram de noite no acampamento. Saul estava dormindo e tinha fincado a sua lança no chão, perto da cabeça. Abner e os soldados estavam deitados à sua volta.
> Abisai disse a Davi:
> — Hoje Deus entregou o seu inimigo nas suas mãos. Agora deixe que eu crave a lança nele até o chão, com um só golpe; não precisarei de outro.
> Davi, contudo, disse a Abisai:
> — Não o mate! Quem pode levantar a mão contra o ungido do Senhor e permanecer inocente?
> Ele continuou:
> — Tão certo como vive o Senhor, o Senhor mesmo o matará; ou chegará a hora dele, e ele morrerá, ou ele irá

para a batalha e perecerá. O Senhor me livre de levantar a mão contra o seu ungido. Agora peguemos a lança e o jarro com água que estão perto da cabeça dele e vamos embora.

Quando Davi disse "ele irá para a batalha e perecerá. O Senhor me livre de levantar a mão contra o seu ungido", estava seguindo o mesmo conceito que Gamaliel, o notável fariseu e doutor da Lei, usou em Atos para mandar soltar os apóstolos perseguidos séculos depois. O erudito enfatizou: "Se o propósito ou a atividade deles for de origem humana, fracassará; se proceder de Deus, vocês não serão capazes de impedi-los, pois se acharão lutando contra Deus".

Essas duas histórias aconteceram milhares de anos atrás, e sabemos como acabaram: Saul se matou para não ser morto pelos filisteus e Davi se tornou rei; Gamaliel é lembrado até hoje por sua decisão madura e sábia; e os apóstolos de Jesus espalharam a mensagem daquele que é o caminho, a verdade e a vida pelo mundo.

Leis espirituais regem a humanidade desde sempre. De nada nos adianta entrar em batalha contra esse fato. Todos que foram na direção contrária dos princípios milenares desapareceram da história ou ficaram marcados negativamente. Seu nível de maturidade vai conduzi-lo a cumprir ou a descumprir esses princípios. Seu nível de maturidade orientará a sua reação e determinará o seu futuro.

> **SINAIS DE MATURIDADE**
>
> - Diz poucas palavras.
> - Nunca fala mal dos outros.
> - Não conta vantagens.
> - Coloca-se no lugar das pessoas.
> - Entende que o mundo não é justo.
> - Perdoa rapidamente.
> - Sabe como as coisas vão terminar.
> - Não julga.
> - Sabe dizer não.
> - Não chora para quem não pode resolver seu problema.
> - Escuta os dois lados antes de tomar partido.
> - Entende que a vida é feita de fases.
> - Administra com excelência as informações que recebe.

Se o princípio da maturidade fizer parte da sua rotina a partir de hoje, seus resultados mudarão para melhor. Nunca faltará paz interior e seus relacionamentos serão saudáveis e duradouros.

É isso que você quer?

Então, pague o preço, pois a maturidade não vem de graça! Mas, caso você comece o processo dessa conquista (já que nunca a alcançamos por completo, nos obrigando a praticar todos os dias para tê-la), sua vida aqui na terra terá mais paz e mais sentido.

Aplique as lições deste capítulo e o seu destino será de paz e honra.

ANALISE SEU NÍVEL DE MATURIDADE

No teste abaixo, você vai analisar o seu nível de maturidade. Para isso, é preciso que você responda com sinceridade e rapidamente, sem pensar duas vezes! Pinte a bolinha que corresponder à sua resposta: se concorda muito com a afirmação, se concorda mais ou menos, discorda ou discorda completamente. No final, some a quantidade de cada bolinha e veja o resultado. A boa notícia é que você pode refazer o teste quantas vezes quiser, em diferentes momentos da sua trajetória, para conferir seu progresso.

1. Não sou de falar muito quando converso com outras pessoas; em vez disso, ouço atentamente e aguardo minha vez antes de responder.

   ○ Discordo completamente   ○ Discordo   ○ Mais ou menos   ○ Concordo   ○ Concordo completamente

2. Detesto fofoca e não fico comentando a vida dos outros.

   ○ Discordo completamente   ○ Discordo   ○ Mais ou menos   ○ Concordo   ○ Concordo completamente

3. Não fico contando vantagens sobre minhas conquistas com as outras pessoas, nem acho que sou melhor que os outros por causa delas.

   ○ Discordo completamente   ○ Discordo   ○ Mais ou menos   ○ Concordo   ○ Concordo completamente

4. Sempre que me desentendo com uma pessoa, em vez de julgá-la, tento imaginar o que a fez agir de determinada maneira.

○ Discordo completamente
○ Discordo
○ Mais ou menos
○ Concordo
○ Concordo completamente

5. Sei e aceito que o mundo não é justo, e que nem sempre vou ter tudo o que quero.

○ Discordo completamente
○ Discordo
○ Mais ou menos
○ Concordo
○ Concordo completamente

6. Não guardo ressentimentos. Se alguém me faz mal, oro a Deus para que ilumine seu caminho e lhe desejo o melhor.

○ Discordo completamente
○ Discordo
○ Mais ou menos
○ Concordo
○ Concordo completamente

7. Quando estou numa situação complicada ou difícil, sempre sei como as coisas vão terminar. Confio na minha experiência e na minha intuição, que nunca falha.

○ Discordo completamente
○ Discordo
○ Mais ou menos
○ Concordo
○ Concordo completamente

8. Não julgo as pessoas, porque entendo que só Deus sabe o que se passa em cada mente e coração. Afinal, as aparências enganam e nunca sabemos, de fato, como é a vida de uma pessoa.

○ Discordo completamente   ○ Discordo   ○ Mais ou menos   ○ Concordo   ○ Concordo completamente

9. Sempre coloco limites e digo "não" para demandas que não vão me engrandecer ou me colocar no caminho do Senhor.

○ Discordo completamente   ○ Discordo   ○ Mais ou menos   ○ Concordo   ○ Concordo completamente

10. Não reclamo da minha vida com quem não tem nada de positivo a agregar. Reservo minhas dores exclusivamente para quem pode me acolher e ajudar.

○ Discordo completamente   ○ Discordo   ○ Mais ou menos   ○ Concordo   ○ Concordo completamente

11. Nunca tomo partido em um conflito sem saber a versão de todas as pessoas envolvidas. Toda história tem, pelo menos, dois lados.

○ Discordo completamente   ○ Discordo   ○ Mais ou menos   ○ Concordo   ○ Concordo completamente

12. Sei com absoluta certeza que a vida é feita de altos e baixos. Quando estou numa fase ruim, sei que vai passar; numa fase boa, sei que é preciso estar alerta para as tempestades.

○ Discordo completamente
○ Discordo
○ Mais ou menos
○ Concordo
○ Concordo completamente

13. Sempre administro bem as informações que recebo, sabendo com quem dividi-las e o que fazer com elas. Conhecimento é um poder que nunca desperdiço.

○ Discordo completamente
○ Discordo
○ Mais ou menos
○ Concordo
○ Concordo completamente

ANOTE SEU GABARITO!

Discordo completamente: _____

Discordo: _____

Mais ou menos: _____

Concordo: _____

Concordo completamente: _____

RESULTADO

Nível alto de maturidade

Se marcou **de 7 a 13 bolinhas "concordo completamente" ou "concordo"**, parabéns! Mesmo que você não conhecesse o princípio de maturidade, já está no caminho certo: sabe lidar com as situações que a vida apresenta com paciência, humildade e sabedoria. Continue praticando o princípio da maturidade até dominá-lo completamente!

Nível médio de maturidade

Se **7 ou mais de suas respostas foram "mais ou menos"**, você ainda tem um longo caminho pela frente. Por um lado, entende a importância do princípio; por outro, falta perseverança para poder colocá-lo em ação em todas as ocasiões. Lembre-se: princípios milenares são universais e inegociáveis. Precisam ser praticados sempre, sem exceções!

Nível baixo de maturidade

Se **a maior parte das suas respostas foi "discordo" ou "discordo completamente"**, você ainda tem muito o que aprender. Mas não desanime: seja por idade, traumas, sentimentos ruins ou falta de experiência, você pode estar tropeçando em obstáculos que impedem seu amadurecimento. Agora que você conhece o princípio da maturidade, busque praticá-lo todos os dias, em todas as ocasiões, e use de sua fé quando o espírito fraquejar.

> "A vida é um jogo de longo prazo, e a verdade te mantém de pé. Quem não é de verdade tem prazo de validade."

TIAGO BRUNET

CAPÍTULO 2

O princípio da verdade: a lei espiritual que te dá durabilidade

---

"Portanto, cada um de vocês deve abandonar a mentira e falar a verdade uns aos outros, pois todos nós somos membros de um mesmo corpo."

EFÉSIOS 4:25

Quando Jesus esteve nesta terra, a coisa que mais repudiou foi a hipocrisia. Homens que falavam uma coisa, mas cujo coração dizia outra. Líderes que colocavam nas costas dos outros pesos que eles mesmos jamais conseguiriam carregar.

Jesus deixa claro: você só é de verdade (e não um personagem) quando suas palavras e atitudes estão alinhadas com sua mente e com seu coração. E mais, seu coração precisa estar firmado na verdade que são as Escrituras: "Hipócritas! Bem profetizou Isaías acerca de vocês, dizendo: 'Este povo me honra com os lábios, mas o seu coração está longe de mim'" (Mateus 15:7-8).

Verdade não é o que você acha que é, mas sim o que está escrito na Sabedoria Milenar.

Faz dois mil anos que a história da ressurreição de Cristo não só dura como cresce; faz milênios que aquilo que está escrito não é desmentido. E por quê? Porque só a lei espiritual da verdade traz durabilidade.

Já viu a quantidade de comentários odiosos em um post de fofoca que anuncia a separação de um casal ou o erro de alguém? São milhares de pessoas escrevendo seus ataques publicamente: "Eu já sabia", "Homem é assim mesmo", "Eu sempre desconfiei dela", "Tomara que queimem no inferno", e por aí vai.

Ao passar por uma situação semelhante, Jesus agiu de modo diferente.

Uma mulher que foi flagrada em adultério estava sendo oprimida pela multidão, que se preparava para apedrejá-la. Vendo a cena, Jesus tomou a palavra: "Quem aqui não tiver errado em alguma coisa na vida, que atire a primeira pedra". E, largando o que carregavam nas mãos, todos se retiraram. Ou seja, queremos condenar os outros, mas às vezes fazemos igual ou pior.

Hipocrisia. Mentira. Disfarce.

A Sabedoria Milenar nos orienta a viver a Verdade, de verdade. Pois, como dizia minha avó, a mentira tem perna curta. Quem vive de mentira nunca constrói nada duradouro.

A mentira traz benefício no presente e morte no futuro. Como todo pecado, a vantagem é imediata (prazeres carnais, por exemplo), mas as consequências são duras.

Perceba que todos nós já mentimos em algum momento da vida, mas isso não necessariamente nos torna mentirosos. Muita gente já disfarçou ou omitiu informações sobre si para se adaptar a um ambiente, mas isso não faz da sua vida inteira uma farsa. Estou falando da prática constante, que é o que define quem somos.

> Somos aquilo que fazemos sempre,
> não o que fizemos uma vez!

Você não é caridoso porque ajudou um pobre uma vez. E também não é mau porque errou com alguém uma vez. A rotina é o que nos define. Então, a partir desta leitura, esteja atento ao seu ritual diário, que será capaz de criar o futuro que você deseja. Não o deixe na mão do acaso!

SOBRE MENTIR UNS PARA OS OUTROS

Quando escreveu à igreja de Éfeso, o apóstolo Paulo acertou em cheio quando disse: "Cada um de vocês deve abandonar a mentira e falar a verdade uns aos outros, pois todos nós somos membros de um mesmo corpo" (Efésios 4:25). Imagine o que aconteceria se um membro do seu corpo começasse a mentir para outro? Com certeza, o caos se instalaria! Se seu cérebro, quando recebesse a comida ingerida, enganasse o estômago e enviasse o alimento diretamente para o intestino, sabe a tragédia que poderia acontecer? O Dr. Evandro Resque Júnior fala sobre essa possiblidade:

> Sem a passagem pelo estômago, a digestão se processará no intestino delgado, mas, sem a ação do ácido

> clorídrico, então os alimentos não chegarão em condições de serem bem absorvidos no jejuno e no íleo – partes do intestino delgado. [...] nutrientes importantes como a vitamina B não serão bem absorvidos pelo organismo.[4]

Nosso organismo é perfeito no modo como suas partes se integram. O mau funcionamento de um órgão gera problemas para a saúde geral e desregula todo um sistema desenhado para atuar em sintonia. Você entra em pane!

Outro exemplo é um ataque de pânico, que nada mais é que a consequência de o cérebro mentir para o corpo:

> A região central do cérebro é responsável pelo controle das emoções e da liberação de adrenalina – hormônio que faz com que o organismo se prepare para fugir ou lutar diante de um perigo. No transtorno do pânico, esse "alarme" cerebral dispara sem que haja um perigo real, provocando a sensação de medo e mal-estar intenso.[5]

Apesar de a maioria das mentiras contadas pelos órgãos ser causada por doenças, sempre que qualquer parte do corpo começa a mentir, o organismo todo se descontrola.

---

[4] É POSSÍVEL viver sem estômago? *Terra*. Disponível em: https://www.terra.com.br/noticias/educacao/voce-sabia/e-possivel-viver-sem-estomago,a008c087e60ea310VgnCLD200000bbcceb0aRCRD.html. Acesso em: 1º nov. 2023.

[5] TRANSTORNO do pânico. *Biblioteca Virtual em Saúde*. Disponível em: https://bvsms.saude.gov.br/transtorno-do-panico/#:~:text=Causas%3A,mais%20suscet%C3%ADveis%20de%20desenvolver%20TP. Acesso em: 1º nov. 2023.

Da mesma forma, a sociedade é um corpo e cada pessoa é um órgão. Como corpo social, estamos doentes, pois a mentira impera no meio do povo. Neste mundo de iguais, torna-se especial quem age diferente. Na sociedade em que mentir deixou de ser feio, quem vive da verdade surpreende.

A realidade é que quem cumpre princípios se torna uma raridade!

Quanto mais raro um minério ou uma pedra preciosa é, mais valioso se torna. Quanto mais raro você for, maior será seu valor.

Mentir é muito mais fácil que falar a verdade. **A verdade dói na hora, mas a mentira dói para sempre!**

Desde criança me apeguei a mentiras, exageros e meias-verdades. Isso me prejudicou de tal modo quando eu era jovem que, hoje, a verdade é o meu valor principal e inegociável. Aprendi apanhando da vida. Lembro que, na sétima série escolar, eu dizia para os amigos de turma que morava em um grande apartamento na Barra da Tijuca, no Rio de Janeiro, e que meu pai tinha me dado uma bicicleta do último modelo. Tudo inventado. Mentiras. Na verdade, eu vivia na Vila Kosmos, no subúrbio, em frente ao Morro do Juramento, e não tinha nenhuma bicicleta.

Eu tinha uma necessidade de aceitação por causa do meu complexo de inferioridade, e a mentira passou a ser parte da minha defesa. Fui desmascarado e envergonhado algumas vezes, mas não abandonei o hábito. A pior consequência foi ser visto como uma pessoa sem credibilidade durante boa parte da minha juventude.

Uma das fábulas de Esopo trata exatamente desse tema:

> Um pastorzinho que cuidava de seu rebanho perto de um povoado gostava de se distrair de vez em quando gritando:
> — Olha o lobo! Socorro! Olha o lobo!
> Deu certo umas duas ou três vezes. Todos os habitantes do povoado vinham correndo ajudar o pastorzinho e só encontravam risadas diante de tanto esforço. Um dia apareceu um lobo em carne e osso. O menino gritou desesperado, mas os vizinhos achavam que era só brincadeira e nem prestaram atenção. O lobo pôde devorar todas as ovelhas sem ser perturbado.
> *Moral: os mentirosos podem falar a verdade que ninguém acredita.*[6]

As pessoas que mentem, distorcem a realidade ou falam meias-verdades são todas iguais quando o assunto é praticar o princípio da verdade: não o fazem! Só existem a verdade e a mentira. Tudo que sair um pouquinho que seja do campo da verdade já é mentira.

Biblicamente, o Diabo é o pai da mentira (João 8:44). O problema da mentira é que ela provê um breve benefício emocional. Eu me sentia bem quando disfarçava a minha realidade e fingia ser alguém que tinha muitas coisas invejáveis. O importante, porém, é ter a consciência de que quem mente escolhe um lado; afinal, a mentira é o único

---

6   RUSSELL, Ash; HIGTON, Bernard. *Fábulas de Esopo*. Trad. de Heloisa Jahn. São Paulo: Companhia das Letrinhas, 1994.

pecado com filiação: "Vocês são do Diabo, o pai de vocês, e querem fazer o que ele deseja. Ele foi homicida desde o princípio e não se apegou à verdade, pois não há verdade nele. Quando mente, expressa a sua própria natureza, pois é mentiroso e o pai da mentira" (João 8:44). E Jesus é a verdade: "Eu sou o caminho, a verdade e a vida" (João 14:6). Quem vive de mentira já escolheu de quem é filho!

Um aluno do *Café com Destino*, nosso programa matinal no YouTube, me escreveu certa vez dizendo que estava casado há vinte e três anos e feliz com a esposa e os três filhos. Mas ele tinha um segredo: um filho de 10 anos fora do casamento. Ele me escreveu perguntando se ocultar o caso extraconjugal o torna um protetor de seu lar ou um mentiroso.

Bem, a resposta é simples, não acha?

Mas quem está vivendo de mentira cria muitos artifícios em sua mente para tentar respaldar seus erros. Existem pessoas que agem assim por influência do mundo espiritual maligno, outras por transtornos psíquicos e outras por mau-caratismo mesmo.

Meu pai, que até hoje é meu principal conselheiro, sempre chamava a minha atenção: "Tiago, nunca invente ou aumente nada. Todos nós prestaremos contas no Grande Dia". Na época eu via isso apenas como uma postura religiosa da parte dele, mas hoje entendo como construiu meu caráter.

Como cristãos, tanto ele como eu acreditamos que haverá um dia em que Deus trará juízo sobre toda obra. Como disse Jesus: "Mas eu digo que, no dia do juízo, os homens darão conta de toda palavra inútil que tiverem falado. Pois, por suas palavras, vocês serão absolvidos e, por elas, serão condenados" (Mateus 12:36,37).

Um dos problemas da mentira é que ela tem que ser sustentada, para não trazer vergonha imediata ao mentiroso. Assim, é preciso ter boa memória e imaginação para que nada se perca nem seja revelado ao longo de uma vida toda. Cansa *muito* viver um personagem, e isso deixa sua vida *pesada*. É exaustivo fingir ser quem você não é. Suas emoções são sugadas, sua vida espiritual é minguada, seu nome é julgado e malfalado.

O Livro da Sabedoria Milenar diz: "A boa reputação vale mais que grandes riquezas; desfrutar boa estima vale mais que prata e ouro" (Provérbios 22:1). Vejamos o caso de um coletor de impostos rico, de baixa estatura, chamado Zaqueu. Sua história está registrada em Lucas 19:1-10.

Para conseguir ver Jesus passar pela região, ele subiu em uma figueira. Chegando ali, o Mestre o viu e disse: "Zaqueu, desça logo. Quero ficar em sua casa hoje". Essa decisão de Jesus causou alvoroço, porque o povo considerava aquele homem um pecador. Acontece que Zaqueu tomou uma decisão depois de se encontrar com Cristo: "Olha, Senhor! Vou dar metade dos meus bens aos pobres; e se extorqui alguma coisa de alguém, vou devolver quatro vezes mais".

Somente o ser humano que é valioso encara os sacrifícios de falar a verdade e ser de verdade. Zaqueu mostrou seu valor com suas atitudes. O respaldo da verdade é a autoridade e credibilidade, moedas escassas nesta geração. Precisamos ter em mente que somos como os metais e as pedras preciosas.

> Você não é pago pela importância que tem, mas pela raridade que é.

Em um time de futebol, todos os jogadores são importantes para marcar um gol. A diferença é que pouquíssimos têm a habilidade de grandes craques da bola, e essa raridade os torna profissionais mais caros que os demais. Poucas pessoas estão dispostas a pagar o preço de falar e viver a verdade, o que faz com que sejam altamente valorizadas.

Cumprir o princípio da verdade demonstra que a pessoa é integra e não está disposta a conquistar o que deseja independentemente da honra.

> Não basta falarmos a verdade,
> precisamos ser de verdade.

VOCÊ PRECISA CAMINHAR COM A VERDADE PARA SER DE VERDADE

Jesus disse: "Eu sou o caminho, *a verdade* e a vida" (João 14:6, grifo meu). Para alcançar o status de ser uma pessoa verdadeira, é necessário caminhar seguindo os passos do Mestre em amor, como ele afirma: "Se vocês me amam, obedecerão aos meus mandamentos" (João 14:15).

Como eu já disse no começo deste capítulo, a verdade não é o que você acha, mas o que está escrito e perdura há milênios.

Ter uma vida pautada pela verdade é fundamental para construir laços reais com familiares e amigos. Ninguém gosta de estar na companhia de quem mente. Pouco a pouco, conforme as máscaras caem, as mentiras vão se desmantelando e as pessoas se distanciam em busca de relacionamentos recíprocos. Quem é sincero busca sinceridade. Os corretos desejam retidão. Os amorosos esperam por amor. Família e amizades são construídas com verdade e reciprocidade. Então, fale a verdade e seja de verdade, pois, se você for de mentira, alguém vai derrubá-lo.

Uma vida mentirosa é uma vida pesada. Só a verdade te deixa leve.

Em toda a minha vida, eu nunca vi um mentiroso em paz, nem vi mentiroso ser próspero de verdade, alcançando vitória em todas as áreas.

Quando era mais novo e mentia rotineiramente, estava sempre inquieto. Todos os dias, eu tinha de inventar uma desculpa para não andar de bicicleta com meus amigos, porque tinha mentido sobre ter uma novinha em folha. Uma pequena mentira gerou uma bola de neve: um dia o pneu estava murcho; outro dia eu estava de castigo; no dia seguinte, meu irmão saiu com minha bicicleta; no outro, meu pai a levou para lubrificar a corrente. Aquilo se tornou um amontoado gigantesco de mentiras até chegar ao ponto de a bicicleta ter sido roubada.

Tudo o que é de mentira tem prazo de validade. Somente a verdade permanece. Não demorou muito até meus colegas descobrirem e desacreditarem a minha história.

> Como é a sua relação com a verdade e a mentira? Em algum momento, você já mentiu sobre algo e foi desmascarado?
>
> _____
> _____
> _____

Demorou para que eu entendesse que era uma daquelas pessoas que preferem parecer quem não são, para se sentirem bem por um tempo, a pagar o preço para ser de verdade e ficar bem para sempre. O tempo me mostrou que, em vez de montar um personagem, eu tinha de melhorar quem eu era de verdade. Quando, finalmente, aprendi a viver segundo o princípio da verdade, conquistei um de seus maiores benefícios, além da paz: a durabilidade.

A verdade não tem prazo de validade; ninguém, em tempo algum, pode derrubá-la.

Quanto mais você fala a verdade, mais longe vai. Ela te protege!

No mundo dos bem-sucedidos, não há espaço para os mentirosos, porque a mentira impede a prosperidade. Quem é próspero é influente; então, quanto mais de verdade você for, mais pessoas vão escutá-lo.

> **TRÊS VANTAGENS IRREFUTÁVEIS DA VERDADE:**
>
> - Dá credibilidade pública.
> - Traz autoridade para tudo que você fala.
> - Atrai quem também é de verdade.

Neste momento da leitura, você pode questionar: "Tiago, é impossível nunca errar. Então eu nunca alcançarei o meu destino?".

É verdade, sim, que todo mundo comete erros, mas erro se comete uma vez e a mentira é uma decisão, porque é necessário permanecer mentindo para sustentá-la. **O segredo não é nunca errar, mas sempre se arrepender. A maior libertação que existe para que a mentira seja apenas um erro é falar a verdade.**

Em vez de montar um personagem (que dá trabalho), pague o preço de ser de verdade.

> Você já pagou o preço de falar a verdade, derrubando uma mentira anterior? Como isso aconteceu? Quais foram as consequências?
>
> _____
> _____
> _____
> _____

Se você acha que perderá algo por contar a verdade, não tem ideia do prejuízo que terá por mentir. A vida demanda decisões. Então, decida com qual prejuízo você quer arcar: o da verdade ou o da mentira?

Tenho certeza de que a vergonha e a falta de credibilidade que gerei a mim mesmo e que tive de carregar pelas mentiras que contei me custaram muito mais do que as verdades que sustento hoje, independentemente do que pensam as pessoas ao meu redor. Estou certo de que a mentira perpetua a semente da maldade. Quando não é cortada pela raiz, a mentira se torna uma floresta densa que não permite outra saída senão admitir a verdade.

Se você comete esse erro, esta é a sua chance de se arrepender e mudar de vida. Peça perdão àqueles a quem mentiu pelos erros que causou e receba uma segunda chance com a decisão de falar a verdade. Tenha em mente que o jogo da vida é um jogo de longo prazo. Se você pensar a curto prazo, nunca terá resultados sólidos. Você garante o bom resultado final quando é uma pessoa que fala a verdade.

Não quero dizer que, na jornada da vida, você não terá que se adaptar a ambientes e pessoas de vez em quando, nem estou me referindo a ser tão sincero e verdadeiro a ponto de ser grosseiro ou inconveniente, mas a ter como essência a verdade! As pessoas criam um nível de confiança altíssimo quando sabem que você é de verdade.

Há um filme que me vem à mente quando falo sobre a essência da verdade e da mentira. Trata-se da comédia *O mentiroso* (Tom Shadyac, 1997), estrelada por Jim Carrey. O ator interpreta o advogado de sucesso Fletcher, que é divorciado e tem um filho. Mentiroso compulsivo, Fletcher inventa desculpas e faz promessas impossíveis ao menino. A ex-esposa e o filho já não acreditam mais nele.

> **Nada protege mais o seu futuro e blinda mais o seu destino do que cumprir princípios.**

TIAGO BRUNET

No trabalho, por sua vez, o advogado é simpático e disfarça o que realmente pensa sobre todos. Certo dia, triste porque o pai não fora a seu aniversário, Max, o filho, deseja que o pai não consiga mentir por um dia completo. O pedido se realiza. Então, sem conseguir mentir, Fletcher é sincero e fala o que realmente pensa quando tem de defender um caso no tribunal.

O filme, apesar de hilário, mostra a triste realidade dos mentirosos desacreditados. A mentira atrapalha o seu propósito e não permite que você alcance seu pleno potencial. A verdade, por outro lado, o liberta para o futuro. Nesse mesmo filme, mesmo sem poder mentir, Fletcher consegue vencer o caso mais importante de sua vida falando apenas a verdade nos tribunais. Uma ilustração clássica de que o bem sempre vence!

A verdade é um dos pilares que denunciam o deus a quem você serve, pois quem vive de mentira nunca conheceu a Deus, já que ele é a verdade: "Os lábios mentirosos são detestáveis para o Senhor, mas os que dizem a verdade lhe trazem alegria" (Provérbios 12:22, NVT). Então, você tem de assinar um contrato de exclusividade com Deus. Quem é exclusivo fala somente a verdade!

Plante a semente certa, a semente da verdade, que gera como fruto a paz. Viva com autenticidade e tenha respaldo, credibilidade, honra e dedicação.

TEORIA DO DISFARCE

Tenho quatro filhos incríveis: duas meninas, Julia e Jasmim, e dois meninos, José e Joaquim. Por experiência própria sei que, quando crianças completam cerca de 5 anos, é comum perguntar a elas o que querem ser.

Sem conhecer muito sobre o mundo, os pequenos costumam ser influenciados por quem consideram heróis, como os pais, avós, esportistas e pessoas que parecem importantes. No Brasil, acredito eu, a maioria dos meninos deseja ser *gamer* (antes era jogador de futebol, mas os tempos mudaram!). Outros sonham em ser policial, bombeiro e até super-herói. Já as meninas sonham em ser professora e princesa da Disney. E muitas crianças de hoje querem ser influenciadores, de preferência do YouTube ou do TikTok.

Mas, com o passar do tempo, as fantasias infantis abrem espaço para a realidade do mercado de trabalho: aprendemos que os profissionais são reconhecidos por status, por ganhos financeiros ou pela junção dos dois.

Há profissões que concedem status a quem se dedica a elas, como é o caso de alguns pilotos de avião. Conseguir uma vaga no curso não é fácil, e se formar é ainda mais difícil. Logo, essa é uma carreira para quem se esforça muito. Como a maioria das coisas boas da vida, esforço e bom ânimo atraem a ajuda divina. Outro elemento é o glamour, porque pilotos viajam pelo país e pelo mundo semana após semana. Em alguns casos, passam por dois ou mais países em apenas um dia. A questão financeira também é um diferencial, porque, em casos específicos, é uma das profissões mais bem remuneradas: em média, ganham mais de sete salários mínimos por mês, a depender de fatores como companhia aérea, rota, tipo de avião, etc.[7]

---

[7] ROCHA, Guilherme Lucio da. Quanto ganha um piloto de avião. *Valor Econômico*, 18 abr. 2023. Disponível em: https://valor.globo.com/carreira/noticia/2023/04/18/quanto-ganha-um-piloto-de-aviao.ghtml. Acesso em: 20 abr. 2024.

Imagine como era ser piloto de avião nos Estados Unidos, na década de 1960. Nesse período, viajar de avião era um luxo reservado para a elite e não havia tantos cursos de formação como hoje. A vida de Frank Williams, piloto da Pan American World Airways (a famosa Pan Am), por exemplo, parecia a de uma celebridade de Hollywood: durante suas idas e vindas, fez amizade com pessoas muito ricas e despertou sorrisos e corações apaixonados. Afinal, aos 20 anos, era piloto de uma grande companhia aérea. Por usar uniformes que chamavam a atenção e conferiam autoridade, viveu dias de glória e alegria graças ao status da profissão.

Em 1969, aos 21 anos, na França, quando era passageiro de um voo da Air France, tudo desmoronou. Sem que esperasse, a polícia francesa se aproximou dele e lhe deu voz de prisão. Descobriu-se que o piloto Frank Williams nunca existiu de fato.

O nome verdadeiro dele era Frank Abagnale Jr., um golpista nascido em Nova York que usava identidades falsas para tirar proveito de pessoas e situações. Ele tinha inventado o piloto Frank Williams para viajar pelo mundo de graça, chegando a falsificar um documento de identificação e um certificado de piloto da Administração Federal de Aviação. Além disso, conseguiu um uniforme original de piloto da Pan Am em uma lavanderia ao se passar por um piloto que perdera o seu. Era dessa forma que ele "pegava carona" em aviões de outras companhias.

Mas a verdade apareceu. De tanto aplicar golpes em 26 países, tornou-se procurado pelo FBI. Naquele voo da Air France, foi reconhecido e denunciado por uma aeromoça. Frank Abagnale Jr. já tinha se passado por médico, advogado e professor, além de aplicar fraudes bancárias. Sua história de falcatruas e disfarces é tão impressionante que inspirou o filme *Prenda-me se for capaz* (2002), dirigido por Steven Spielberg e estrelado por Leonardo DiCaprio.

A grande lição de sua história é que **máscaras não duram para sempre. Por melhores que sejam, elas caem**.

O que realmente impressiona é que esse não foi um caso isolado. Há muitos e muitos como Frank Abagnale Jr. mundo afora. Muitas dessas pessoas cometem crimes graves e colocam vidas em risco. Outras querem ser aceitas e fugir do sentimento de rejeição. Quem se disfarça busca afirmação de identidade, vantagens pessoais ou esconder quem realmente é. Todas elas desejam o sucesso, e talvez até reconheçam que é preciso seguir códigos milenares para conquistar paz e prosperidade. Porém, pensam que são exceções a esses princípios e pegam um atalho. Elas se disfarçam para *parecer* que os seguem. Essa é a **teoria do disfarce**.

> A verdade sempre vence.
> O seu eu verdadeiro sempre
> será exposto.

Na sociedade contemporânea, muitos andam mascarados. São bem raros os totalmente verdadeiros o tempo todo. Precisamos vestir máscaras sociais para nos adequarmos aos locais nos quais estamos inseridos e, durante esses momentos, nos tornamos personagens. É imprescindível disfarçar sentimentos ou nossa condição de vida em determinadas situações. Nesses casos, as máscaras não são objetos que colocamos no rosto, e sim atitudes, gestos e palavras que se transformam em acessórios cênicos.

Qualquer ser humano está sujeito a disfarçar em um momento, mas não durante uma vida inteira.

O problema é que tem gente mascarada o tempo todo. Como as crianças, essas pessoas querem viver uma fantasia. É provável que você conheça algum menino que ame o jogador Lionel Messi e use a camisa do tricampeão mundial todos os dias. A mãe mal tem tempo de lavar e deixar secar a peça que ele mesmo já a tira do varal e a veste novamente. Com as meninas e a Elsa, da animação *Frozen*, não é diferente. Além do vestido, imitam o penteado e cantam "Let it go" centenas de vezes seguidas. Tanto um como o outro querem até ser chamados pelo nome da personagem ou atleta. Nós, depois de crescidos, compreendemos e até mesmo achamos graciosas essas atitudes, porque são crianças. Em adultos, isso não é tolerável. Passa a ser doentio.

Adultos devem ter suas características e virtudes próprias. Devem descobrir sua identidade, sua essência, suas habilidades e construir a própria história.

Alguns políticos reconhecidamente vivem como se fossem personagens. Estão disfarçados em termos e palavras eloquentes enquanto escondem suas intenções reais. É ainda mais evidente em época de eleição, você já percebeu? Para ganhar a confiança e o voto do povo, precisam cumprir (ou fingir que cumprem) o princípio do amor: abraçar os desamparados, ouvir quem precisa falar, ajudar os carentes, proteger os mais fracos, servir a quem não tem esperança. **Quem quiser vencer na vida terá que seguir princípios.**

Quem deseja viver em paz e com prosperidade jamais deve negociar a verdade.

Resumindo, algumas vezes o disfarce parece ser inevitável. Mas quem pode passar a vida toda sob máscaras? É possível viver disfarçado e, ainda assim, cumprir os princípios milenares? E essa vida seria repleta de paz e prosperidade? Eu mesmo respondo que não! O fingimento, além de não ajudar, também impede que compreendamos e vivenciemos os preceitos eternos. Há incompatibilidade nessas ações.

Reforçarei porque é de crucial entendimento para tudo que aprenderemos no decorrer deste livro: **Não é possível vencer na vida sem cumprir os princípios milenares. É impossível cumprir os princípios milenares ao viver disfarçado.**

Muitas pessoas fingem praticar os preceitos eternos para colher os frutos que eles proporcionam. Quem não quer paz e prosperidade, não é mesmo? Entretanto, exatamente como acontece no teatro, a encenação acaba, o público vai embora, os atores terminam sua apresentação e deixam os personagens de lado. Se repararmos no caso de um golpista profissional, desses capazes de convencer milhares de pessoas a investir em um fundo de investimentos falso ou em criptomoedas inexistentes – os Frank Abagnale Jrs. de hoje –, compreenderemos melhor a situação.

Os fraudadores começam a captação de seus investidores utilizando o princípio milenar da generosidade. Apresentam uma espécie de aplicação na qual é possível receber um retorno financeiro muito superior ao do mercado convencional. Ao oferecer a possibilidade de um grande lucro em um curto período de tempo, fazem as pessoas caírem na armadilha de acreditar que, em breve, serão premiadas. Para tornar mais factível o que vendem, recebem suas vítimas em escritórios elegantes e confortáveis, além de criar uma cena digna de Oscar para parecerem bem-sucedidos. Qualquer mau-caráter, para conseguir o que quer, usa o princípio milenar das palavras.

Os estelionatários falam exatamente o que o outro deseja ouvir. Criar fantasias com palavras é um recurso dos que vivem disfarçados. Porém, eles enganam por um tempo e, então, perdem a credibilidade para sempre. Nenhuma mentira é eterna. Nenhuma falsidade fica de pé. Quando o relógio bate meia-noite, a carruagem vira abóbora.

Devemos ter em mente que somente nos manteremos no topo da montanha, com a vista panorâmica das possibilidades existentes para nossa vivência, se formos verdadeiros. **Viver disfarçado não é opção para quem deseja cumprir os princípios milenares.** E eu descobri isso na pele.

Permita-me contar a tradicional fábula da verdade e da mentira, que eu aprendi com o CEO do grupo Primo Rico, Thiago Nigro.

A Verdade e a Mentira saíram para passear. Então, a Mentira diz para a verdade: "Que dia lindo!". A Verdade, desconfiada, olha para o céu e acaba concordando. O dia estava realmente lindo. Elas seguem passeando e se deparam com um rio. A Mentira coloca a mão na água e diz para a Verdade: "Nossa, está deliciosa, vamos entrar e nos banhar!". A Verdade, desconfiada da Mentira novamente, leva as mãos às águas e comprova que mais uma vez a Mentira acertou. A água estava incrível para um banho num lindo dia de sol.

Elas tiram a roupa, entram, mergulham e, de repente, a Mentira sai do rio sem a Verdade perceber, pega as roupas da Verdade na borda do rio e sai pelo mundo, desde esse dia, vestindo as roupas da Verdade.

Você se lembra da tentação de Jesus no deserto, quando ele fez um jejum de quarenta dias? O Diabo (que significa enganador e acusador) confrontou Jesus travestindo a verdade. Ele usou as próprias Escrituras na tentativa de fazer Jesus errar, para adiantar os tempos na vida do Cristo (leia a história em Mateus 4). E a serpente conversando com Eva no jardim do Éden (Gênesis 3)? Foi a mesma coisa: uma mentira vestida de verdade para induzir ao erro.

ATRAVESSANDO O VALE DA VERGONHA E O DESERTO DA HUMILHAÇÃO

No ano de 2014, eu tomei uma decisão que alterou radicalmente o meu destino e o meu estado emocional: decidi ser de verdade. Decidi tirar da minha vida tudo que servisse como disfarce; optei por não manter nada que fosse "mais ou menos" verdadeiro. Foi uma das melhores decisões da minha vida.

No início do meu casamento com a Jeanine, eu fingia ser um bom marido. Eu não tinha o nível de consciência e a maturidade espiritual que tenho hoje, e por isso eu pensava que disfarçar na vida valia a pena.

Na minha casa, o lugar que eu e ela deveríamos transformar em lar, eu esbravejava por qualquer motivo. Jeanine se casou virgem e eu, não. Tivemos dificuldades sexuais nos primeiros meses. Por não ter sabedoria na época, além de ser impaciente e orgulhoso, busquei a pornografia. Nossa vida estava uma verdadeira tragédia, mas, publicamente, eu disfarçava bem. A pornografia é um câncer silencioso que corrói sua mente da forma mais egoísta e insensível possível. É um erro que te leva a viver disfarçado na área sexual, até que você busque ajuda e se liberte. Se é o seu caso, saiba que, apesar de estatisticamente comum, isso não é saudável para seu relacionamento e para sua mente. Busque ajuda!

Com meu chamado ministerial não era diferente. Bem, na verdade, estava pior que meu casamento. Fui ordenado ao ofício pastoral aos 25 anos, mas aceitei esse chamado por motivações duvidosas. Sim, eu tinha o dom e tinha sido convocado por Deus para a ordenação. Estudei teologia, tinha desenvoltura para falar em público, e tanto meu pai como meu avô já cumpriam o ministério. Eu conhecia de perto o trabalho a ser feito.

Entretanto, eu sabia que nada disso era suficiente para tão nobre ofício. A minha intenção, na verdade, era ser respeitado pelas pessoas do meu bairro. Já que eu não tinha conseguido nenhum prestígio social ou econômico, vi o ministério como uma oportunidade.

Praticamente não levei em consideração como poderia ajudar as pessoas com a Palavra divina. Eu ia à igreja aos domingos, mas somente para ser visto e notado. Participava das ações sociais para aparecer, e não por *ser* caridoso.

Até 2014, eu andava disfarçado. Se você está pensando que minha vida tinha resultados de mentira e meu interior era só confusão, está certo: *nada* funcionava direito.

Eu vivia problema atrás de problema, e nenhum parecia ter solução. O pior é que microrresultados me satisfaziam e davam a falsa impressão de estar avançando.

**Quem anda disfarçado só finge
ter resultado.**

Eu sentia necessidade de demonstrar que tinha vencido na vida, queria status. Inclusive, para ganhar ainda mais destaque, decidi comprar um carro. Na minha cabeça, isso me traria mais respeito público – lembre-se de que fui criado no subúrbio do Rio de Janeiro, cercado por comunidades carentes.

Você deve imaginar que eu não tinha condições de pagar, muito menos de manter, o carro que eu desejava. Está certo de novo. Mas não desisti.

A minha fantasia infantil era que um homem de sucesso habitava em mim, e eu não estava disposto a abdicar dela. Comecei a comprar coisas que não podia pagar. Eu parcelava a compra no nome de familiares em até oitenta prestações. Eu queria *parecer* bem. Contudo, o Livro da Sabedoria Milenar diz: "Não permitirei que enganadores habitem em minha casa, nem que mentirosos permaneçam em minha presença" (Salmos 101:7, NVT). Tempos depois, a minha hora ia chegar.

Assim como o piloto Frank Williams, o Tiago Brunet bem-sucedido, em 2014, nunca tinha existido. Apesar de jamais ter lesado terceiros, vivia enganando a mim mesmo e aos demais, disfarçado de um personagem que não convencia nem a plateia da minha própria casa.

Quantas pessoas disfarçadas você conheceu na vida? Você se lembra de alguém que achava ser uma coisa, mas cuja máscara, um dia, caiu?

_____

_____

_____

Como princípios espirituais são a base do sucesso humano, quem quer resultados terá que cumpri-los ou, como eu fazia antigamente, disfarçá-los. Isso só mostra o quanto eles são poderosos e importantes. Como estão dando certo há cerca de dois mil anos, fica evidente o que se deve fazer para conseguir o que se quer.

O que me intriga é que mentir exige muito esforço. É preciso gastar tempo para criar e, sobretudo, *sustentar* uma história falsa. São necessários argumentos mentirosos. Para validá-los, inventam-se viagens que nunca aconteceram, momentos que jamais foram vividos – por exemplo, quando criança, eu contava na escola que meu pai era amigo do presidente da República e ia trabalhar todo dia de helicóptero. E não para por aí. A cada dia, algo novo precisava ser inventado e memorizado muito bem para que a roda do disfarce não parasse de girar. Como falei lá atrás, é preciso empenhar energia, *muita* energia!

Quem vive de mentira sempre está cansado!

"Não seria melhor usar todo esse esforço para ser de verdade, Tiago?", você poderia me perguntar. Eu responderia com alegria para você que é claro que sim! Sabe por quê? Porque **somente a verdade conduz a um destino favorável**. O resto é somente fantasia! Acredite.

Caro amigo leitor, cara amiga leitora, se eu não tivesse tomado a decisão radical pela verdade em 2014, você jamais conheceria o Tiago de hoje. Essa decisão me trouxe uma vida nova e me levou à verdadeira paz e prosperidade.

Aprendi que uma vida incoerente rouba os frutos que tanto sonhamos colher.

Mas, para as máscaras caírem, tive que me expor. Tive que confessar às pessoas da minha vida quem eu realmente era. Passei pelo vale da vergonha e pelo deserto da humilhação.

**Não existe redenção
sem arrependimento.**

Minha vida toda foi completamente transformada. Meu casamento melhorou e tivemos quatro filhos incríveis. Meu ministério mudou da água para o vinho. Minhas finanças se multiplicaram – de verdade.

Tenho que colher, porém, o que plantei no passado. Toda semente plantada gera frutos, inclusive as ruins. No ano de 2021, o Instituto Destiny cresceu exponencialmente no Brasil. Nossas turmas on-line e presenciais se multiplicaram. Foi naquele ano, logo após a flexibilização das medidas sanitárias de isolamento devido à pandemia da covid-19, que lançamos o Método Destiny, a nossa formação em princípios milenares, e o Destiny Mind, nossa mentoria anual para empreendedores. Além disso, também promovemos eventos gigantescos no país, como a Conferência Destino. A exposição de resultados atrai pessoas disfarçadas como a luz atrai as moscas. Comigo, infelizmente, não foi diferente. Esse foi o ano em que mais fui enganado em minha trajetória empresarial.

Sorridentes, os *disfarçados* se aproximavam de mim para falar de Deus e de família. Sempre muito solícitos, diziam que queriam apenas me ajudar e servir ao meu "chamado".

Um a um, mostravam seus grandes resultados pessoais, que eram mentirosos e eu não sabia. Depois, para me manterem ainda mais próximo deles, massageavam meu ego dizendo que eu era muito especial. Aparentemente, todos cumpriam princípios, honravam a quem se devia honra, não falavam mal de ninguém, não eram avarentos; pelo contrário, sempre eram generosos.

Foi aí que a conta chegou!

O Livro Eterno diz: "Com a boca o adulavam, com a língua o enganavam" (Salmos 78:36). E é verdade!

Fui roubado por pessoas que pareciam ser excelentes profissionais, tementes a Deus e cuidadosas com a família. Fui convencido a colocar dinheiro em falsos investimentos, e a perda foi enorme.

Muita gente sabe disfarçar bem demais. O meu conselho para você é: não acredite em tudo que vê, porque as aparências realmente enganam.

> Resultados comprovados falam mais
> do que as palavras.
> Frutos verdadeiros demonstram mais
> do que as aparências.

Vi há pouco tempo uma entrevista com um famoso ator americano em que ele conta quando, ao andar por uma rua em Los Angeles, deparou-se com uma mulher acompanhada de uma criança pequena. Quando aquela mãe o viu, pegou rapidamente o filho no colo e saiu correndo. Ele chegou à conclusão de que ela agira daquela forma porque ele havia atuado como predador infantil em um filme.

Veja como há pessoas que acreditam nos personagens. Algumas vezes, isso ocorre porque o ator é tão bom em sua tarefa que faz com que ficção e realidade se misturem para o público. Outras vezes, porque as próprias pessoas não sabem discernir o disfarce da verdade.

Para seguir sobrevivendo nessa floresta não encantada que é a vida, a única solução possível é abrir mão das máscaras e dos mascarados, das maquiagens e dos figurinos teatrais, de todos os artifícios que buscam convencer os outros de quem você gostaria de ser.

> **Ser de verdade não deveria ser apenas uma escolha, mas o ponto de partida da sua jornada.**

Se a vida fosse um percurso pela floresta, *fingir* ser o Indiana Jones não te ajudaria a sobreviver. Você até poderia ficar bonito na foto, mas acabaria morrendo.

Vamos, assim, à solução final: "**Então, conhecerão a verdade, e a verdade os libertará**" (João 8:32).

A lei espiritual da verdade deixará sua vida na terra próspera e repleta de paz ao te dar credibilidade e autoridade. Somente a verdade te blinda e protege.

PRATIQUE A VERDADE

Na vida, todos nós temos segredos terríveis, grandes mentiras que contamos a nós mesmos e aos outros que nos impedem de ser de verdade e de seguir os princípios milenares.

Neste exercício, quero que você pratique a verdade: pense na maior mentira que carrega consigo e que nunca contou para ninguém. A seguir, quero que tenha a coragem de dizer a si mesmo qual é essa mentira – talvez pela primeira vez – e diga como ela afeta sua vida.

_____
_____
_____

Agora, imagine o que aconteceria se você retirasse a sua máscara. Se contasse às pessoas à sua volta quem você realmente é, qual o pior resultado possível? Qual preço você teria que pagar?

_____
_____
_____

Ótimo. Uma vez liberto, quero que pense o seguinte: depois do pior cenário, o que viria a seguir? Como você se sentiria depois de largar o peso da mentira? Quais caminhos poderiam se abrir se você vivesse de acordo com o princípio da verdade?

_____
_____
_____

> Pronto! Você já conhece seus maiores medos e o que teria que fazer. Está preparado para atravessar o vale da vergonha e o deserto da humilhação. Lembre-se: depois dele, você encontrará a felicidade.

CAPÍTULO 3

O princípio das palavras: a lei espiritual da vida e da morte

---

"Pois todos tropeçamos de muitas maneiras. Se alguém não tropeça no falar, tal homem é perfeito, capaz de dominar também todo o corpo."

TIAGO 3:2

A maior batalha da história não foi a Segunda Guerra Mundial. Também não foram os ataques vikings ou as conquistas de Alexandre, o Grande, ou de Napoleão. A mais emblemática de todas ocorreu no deserto da Judeia, em Israel, entre Jesus Cristo e Satanás. Essa guerra não foi travada com espadas, fuzis, canhões ou armas nucleares. Foi travada apenas com *palavras*. Exatamente! Palavras são armas de guerra.

> "A língua tem poder de vida e morte; os que a usam habilmente serão recompensados."
>
> Provérbios 18:21 (KJA)

Em Mateus 4 lemos:

> Em seguida, Jesus foi levado pelo Espírito ao deserto para ser tentado pelo Diabo. Depois de jejuar quarenta dias e quarenta noites, teve fome. O tentador aproximou-se dele e disse:
> — Se és o Filho de Deus, ordena que estas pedras se transformem em pães.
> Jesus respondeu:
> — Está escrito: "Nem só de pão viverá o homem, mas de toda palavra que procede da boca de Deus".
> Então, o Diabo o levou à cidade santa, colocou-o na parte mais alta do templo e lhe disse:
> — Se és o Filho de Deus, joga-te daqui para baixo. Pois está escrito: "Ele dará ordem aos anjos dele a seu respeito; com as mãos eles o segurarão, para que você não tropece em alguma pedra".
> Jesus respondeu:
> — Também está escrito: "Não ponha à prova o Senhor, o seu Deus".
> Depois, o Diabo o levou a um monte muito alto e mostrou-lhe todos os reinos do mundo e a glória deles. Ele disse:
> — Tudo isto te darei se, prostrado, me adorares.
> Então, Jesus lhe disse:
> — Retire-se, Satanás! Pois está escrito: "Adore ao Senhor, o seu Deus, e só a ele preste culto".
> Assim, o Diabo o deixou, e imediatamente os anjos vieram e o serviram.

Noventa por cento de toda a ação de Jesus foram realizadas por meio de palavras. Seus ensinamentos, seus confrontos e exortações, suas parábolas e, é claro, suas curas e seus milagres.

Negociações que mudaram o rumo da humanidade, discursos que incitaram grandes conquistas e exortações que consertaram vidas, tudo isso tem algo em comum: PALAVRAS!

Martin Luther King Jr. tornou-se conhecido pelo discurso no qual exclamou: "Eu tenho um sonho!". O astronauta Neil Armstrong, ao pisar na Lua, disse: "Um pequeno passo para o homem, um salto gigantesco para a humanidade". Já o comediante Charlie Chaplin afirmou em um de seus filmes: "A única coisa tão inevitável quanto a morte é a vida". Alguns brasileiros também cunharam citações famosas, como a de Getúlio Vargas, em sua carta de suicídio, em que escreveu: "Deixo a vida para entrar na história".

As palavras revelam as intenções. Mostram o que está no seu coração.

"A boca fala do que está cheio o coração."

MATEUS 12:34

Quando você fala algo, é porque aquilo já tomou a sua mente. Isso também é verdade em relação aos outros: é preciso ter cuidado com quem fala o que não é correto, pois geralmente diz o que está impresso em sua alma.

Recentemente, tive de tomar a decisão de tirar alguém da minha vida. Cerca de três anos atrás, essa pessoa se esforçou muito para se aproximar de mim. Ele foi a um jantar em que eu estava, me abraçou, me deu um beijo e disse que tinha o sonho de me conhecer. Apresentou-se como um empresário de um ramo específico e contou ter vendido coisas muito valiosas.

Ele insistiu tanto que, meses depois, permiti que se aproximasse da minha rede de contatos. Nesse período, começamos alguns pequenos projetos juntos. Ele realmente sabia se conectar e tinha uma característica muito peculiar: a extravagância nas atitudes e palavras. Abraçava e beijava todos, e falava "eu te amo" até para as árvores na rua. Parecia ser uma pessoa boa e inofensiva.

Depois de algum tempo, percebi que toda fofoca que chegava aos meus ouvidos a meu respeito, por coincidência, tinha a presença dele na roda do papo-furado. Eu o chamei para uma conversa e expus as informações recebidas de pessoas diferentes. Ele negou, disse que me amava e que jamais levantaria calúnia sobre mim. Afinal de contas, nesse tempo de amizade estratégica (que explico no livro *Especialista em pessoas*), eu o ajudei no período mais difícil de sua vida. Eu o aconselhei, consolei e, principalmente, respaldei em vários convites profissionais.

Por fim, dois dias depois dessa conversa, um amigo me encontrou numa festa e me mostrou uma mensagem de texto no celular. Nela, como quem joga conversa fora, aquele mesmo homem falava mal de mim. Com as provas em mãos, já não o procurei mais, apenas o bloqueei em todos os meios de comunicação on-line e o retirei da minha rede de contatos.

Ele não falou nada de mais. Podia ser somente a opinião dele. Contudo, "a boca fala do que está cheio o coração" (Mateus 12:34). Como ele revelou o que pensava através de suas palavras (que, provavelmente, ele não imaginava que chegariam a mim), decidi não caminhar perto de quem não é de verdade. Ele fingia amor e companheirismo, mas, como explico na teoria do disfarce, quem não é de verdade acaba se revelando.

> Sua felicidade pode estar
> na ponta da sua língua.

PALAVRAS: CONSTRUTORAS E DESTRUIDORAS

O livro de Gênesis registra que Deus construiu o mundo inteiro com palavras, não com as mãos. Quando ele disse "haja", com o sentido de "passe a existir", tudo o que há no universo foi surgindo: dia e noite; Sol, Lua e estrelas; terra e oceanos; vegetais, legumes e frutas; todo tipo de animais.

Palavras constroem ou destroem grandes coisas. Basta uma palavra de comando para acionar uma bomba atômica capaz de varrer cidades inteiras. Como a minha mãe sempre me dizia: "Tiago, **as palavras têm poder**!", e ela estava certa.

Não julgo, porém, quem ainda erra no uso delas. Eu mesmo estive nessa situação por muitos anos, já espanquei a minha felicidade com as minhas palavras. Já maltratei o meu interior com afirmações que eu mesmo pronunciei. O meu casamento foi duramente atingido por declarações que saíram da minha boca. Os meus negócios demoraram a prosperar porque eu falava sem pensar.

Palavras geram vida ou morte, disso estou certo!

Para desfrutarmos bem da nossa existência terrena, não temos outra opção senão aprender a fazer bom uso do sistema de linguagem. Precisamos desenvolver essa competência essencial para os relacionamentos. Pensar antes de falar, medir a entonação e observar a fluidez do que sai da nossa boca. Palavras são como tiros de canhão na alma quando ditas da forma errada. Contudo, também são cura para o espírito quando faladas na hora certa e com sabedoria. **Sua vida pode ser repleta de paz e prosperidade ou de conflitos e desgosto, a depender de como você usa as palavras.**

Palavras doces deixam o dia agradável e leve; palavras ruins, por outro lado, o tornam pesado e moroso. O bom uso do que temos a dizer e a forma como escolhemos os termos, a entonação e até a fisionomia que empregamos cooperam para o efeito das nossas palavras. Não adianta usar vocábulos positivos se os soltamos com sarcasmo ou ironia, por exemplo.

Não tenho dúvidas de que as palavras que escolhemos exercem uma poderosa influência sobre o nosso futuro e também sobre como nos sentimos. Para que possamos atravessar esta vida terrena sem sofrer mais do que deveríamos, temos que ser especialistas em fazer bom uso das palavras, o que é totalmente treinável. Depende de você!

No meu livro *Especialista em pessoas*,[8] abordei dois pensamentos pertinentes a este capítulo: primeiro, você não deve falar tudo o que pensa. Como ensina o ditado popular: "Falar é prata, mas calar é ouro". Segundo, suas palavras reforçam o que você quer expressar. Podem alimentar uma explosão ou apagar um incêndio.

Algumas vezes, gastei um tempo pensando como eu usaria uma máquina do tempo, se ela existisse. Cheguei à

---

8 BRUNET, *Especialista em pessoas*, p. 62-3.

conclusão de que, certamente, seria para voltar algumas décadas e não falar algumas das coisas que eu disse. Palavras podem criar problemas duradouros e prejudicar destinos.

Se você me vê na internet, assiste ao meu programa diário no YouTube, o *Café com Destino*, é ouvinte do *BrunetCast*, participou do Método Destiny, foi à Conferência Destino ou leu algum dos meus livros, compreende um pouco a minha forma de pensar. O que você não sabe sobre mim, no entanto, é que até hoje colho frutos das palavras infelizes que expressei.

Em um Natal em família, houve uma discussão um pouco antes da ceia. Estavam presentes meus pais, irmãos, cunhadas e sobrinhos. No calor da emoção, agredi verbalmente uma cunhada. Naquele momento, eu estava me sentindo frustrado porque ela não parecia entender meu ponto. Fui tomado de uma fúria que alcançou minha língua e, antes que eu pudesse pensar, lancei palavras como quem desfere socos.

Mais tarde, quando me acalmei, percebi o erro que tinha cometido. Pedi perdão para a minha cunhada, conversamos e nos entendemos. Contudo, até hoje há um mal-estar na minha família – mesmo passados doze anos. Palavras sem tempero são como pedras jogadas na vidraça. Você pode até pedir perdão, mas os cacos já estão espalhados.

Em 2020, em plena pandemia, em uma live no Instagram com milhares de pessoas me assistindo, meus filhos começaram a gritar e a me desconcentrar. Nervoso com a situação, pedi desculpas ao público, desliguei a live e comecei a gritar com as crianças, que estavam no segundo andar da casa: "Vocês não sabem que estou trabalhando?! Eu já avisei para brincarem no quarto... Que afronta é essa?", esbravejei. O problema é que a live ainda estava no ar. Eu achei que a tinha desligado, mas não. Que situação constrangedora!

Apesar de muitos pais gritarem com seus filhos, meu público não esperava isso de mim. Minhas palavras foram tranquilas, o problema foi o tom de voz. Esse pequeno descontrole gerou perda de seguidores, dias de explicações e pedidos de perdão na internet. Além disso, esse não é o tipo de comunicação que desejo desenvolver com meus filhos. **Palavras certas ditas no tom errado podem destruir toda uma construção.**

É o caso, por exemplo, de pais e mães que agridem os filhos com palavras duras e disparam frases que jamais deveriam ser ditas, como "Você é burro", "Você nunca vai conseguir nada na vida", "Você não presta", "Você é igualzinho a Fulano". O resultado é que essas palavras viram feridas na alma dos filhos, e eles crescem com a sensação de que são inferiores e incapazes. Além disso, podem crescer e replicar o mesmo comportamento dos pais, o que acarreta levar o mal para a próxima geração, ou jamais conseguir viver livre dessa "maldição".

Quanto mais alto você estiver, mais cuidado com as palavras deverá ter. A hierarquia emocional determina o peso das palavras.

Anos atrás, cometi a ignorância de, em uma briga com Jeanine, falar para ela que quem trabalhava e ganhava dinheiro era eu e que ela só ficava em casa no "bem-bom". Que mentira. Jeanine sempre foi muito trabalhadora e construímos tudo que temos lado a lado. Mas, na tentativa infantil e mundana de diminuí-la numa discussão, soltei essas palavras repugnantes. Fui perdoado? Sim, porque me arrependi profundamente e mostrei meus frutos de arrependimento. Até hoje, porém, ela se lembra de que um dia pensei assim.

Alerta aos maridos: a gente deixa para lá, mas as esposas geralmente não; a gente esquece, elas dizem que esquecem. É por essa razão que aconselho: Por favor, *cuidado* com as palavras.

Não deixe suas emoções serem mais fortes que os princípios.

Carrego angústias e incômodos emocionais dos quais estou sempre buscando me livrar. Quando me lembro desses eventos do passado, sei que realmente não vale a pena "falar por falar" e que é inútil colocar a raiva para fora cuspindo palavras. Como eu me arrependo de ter feito isso!

Com certeza, alguma vez na vida você disse algo do qual se arrepende. Abaixo, pense em pelo menos cinco dessas situações dolorosas. Para aprender a se comunicar melhor, escreva o que poderia ter dito, de maneira mais cuidadosa. Vou deixar o meu exemplo para facilitar o exercício!

Situação	O que eu disse	O que eu gostaria de ter dito
Live de trabalho	Vocês não sabem que estou trabalhando?! Eu já avisei para brincarem no quarto... Que afronta é essa?	Meninos, nada de barulho aqui. Papai está trabalhando e necessita de silêncio. Brinquem em outro lugar.

PALAVRAS SÃO CÓDIGOS QUE ABREM OU FECHAM PORTAS

Por volta do ano 1100 a.C., na época em que o rei Saul governava Israel, havia um homem próspero e bem-casado. Ele se chamava Nabal e morava na região da cidade de Carmelo. Conforme o padrão daquela sociedade, ele tinha tudo que um homem procurava: dinheiro de sobra e uma esposa bonita e inteligente. Teoricamente, era um homem feliz.

Certo dia, Davi – que se tornaria rei de Israel algum tempo depois – precisou de ajuda, porque era fugitivo do rei Saul. Sem entrar em muitos detalhes, Saul estava enciumado de Davi: apesar de jovem, este já havia provado ser corajoso em batalha, era celebrado pelo povo e também era querido entre a própria família de Saul.[9] Bem, Davi estava no deserto de Maom. Ele já havia matado o gigante Golias e vencido guerras à frente do exército israelita. Dessa forma, tornara-se famoso na região e nos reinos vizinhos.

Quando precisou fugir da ira do líder da nação, uma pequena parte dos soldados o seguiu, configurando um miniexército. Ciente de que havia um homem afortunado nas redondezas, Davi enviou alguns de seus guerreiros para pedir um pouco de comida a Nabal. Isso porque, em uma situação anterior, o grupo que o acompanhava já havia agido com gentileza para com os funcionários do rico homem.

Para Davi, seria uma cortesia, uma vez que, de certa forma, Nabal provavelmente já tinha ouvido falar dele.

---

[9] A história completa está relatada no livro bíblico 1 Samuel, a partir do capítulo 16.

Como se diz popularmente, "estava tudo em casa". Era também época de festividade e não seria nada de mais fazer tal pedido. O homem rico, por sua vez, pensava de forma muito diferente e, ao responder, foi duro. Ele escolheu as palavras erradas e se precipitou no momento de falar. Ele se virou para o servo do futuro rei e disse:

> — Quem é Davi? Quem é este filho de Jessé? Hoje em dia, muitos servos estão fugindo dos seus senhores. Por que deveria eu pegar o meu pão e a minha água, e a carne do gado que abati para os meus tosquiadores, e dá-los a homens que vêm não se sabe de onde? (1 Samuel 25:10,11)

Em apenas um pronunciamento, Nabal questionou Davi, citou o pai dele de forma desrespeitosa e menosprezou seus soldados. O Livro da Sabedoria Milenar diz que esse homem tinha um coração duro e era grosseiro (1 Samuel 25:3). Isso ficou evidente nesse episódio, pois suas palavras enfureceram Davi e seu exército. O homem que derrubou e matou Golias decidiu acabar com a vida de Nabal, porque este fora rude nas palavras. Não devemos esquecer que tudo o que verbalizamos já estava, anteriormente, firmado em nosso coração.

Na história de Israel, existiu um homem que foi diametralmente oposto a Nabal. O rei Salomão, filho de Davi, foi o terceiro a governar sobre Israel no período monárquico e é considerado o homem mais sábio de todos os tempos. Durante certo período de sua vida, ele registrou seus aprendizados. Essas verdadeiras pílulas de sabedoria se transformaram no livro de Provérbios, um dos 66 livros da Bíblia Sagrada. Boa parte das anotações que Salomão escreveu versa sobre a língua, a boca e as palavras – ou seja, sobre o ato de falar. Esses escritos de três mil anos fazem sentido ainda hoje: "Quem guarda a sua boca preserva a própria vida, mas quem fala demais acaba se arruinando" (Provérbios 13:3).

Muito provavelmente, ao ler esse pequeno extrato, você tenha se lembrado de alguém ou de alguma situação, não é mesmo? Comigo não é diferente. Esse versículo traz à minha memória uma situação ocorrida tempos atrás na minha casa.

Era uma noite especial, daquelas que a gente guarda para sempre como uma boa recordação. Eu estava dando um jantar e recebendo um dos maiores nomes do empreendedorismo do Brasil e da América Latina. Ter por perto pessoas que alcançam feitos gigantescos na trajetória pessoal e profissional é sinônimo de boa conversa e de muito aprendizado – quando estamos dispostos a ouvir atentamente. Também estavam presentes um dos maiores investidores da bolsa de valores e alguns dos grandes varejistas do país. Além deles, vieram me prestigiar e fazer *networking* grandes empresários, que conheci por meio da nossa mentoria para empreendedores, o Destiny Mind.

A Lua estava perfeita. O céu, iluminado. O vinho escolhido com muito zelo pelo chef harmonizava com cada detalhe do menu, que havia sido cuidadosamente elaborado. O ambiente estava agradável. Desde a música às conversas, tudo ia bem – até que algo aconteceu. Na alegria e confraternização que compartilhávamos, um dos convidados, um famoso influenciador digital, que ficara rico naquele ano vendendo produtos on-line, começou a falar mal de algumas pessoas que, claro, não estavam no jantar. Sem nenhuma motivação aparente, passou a citar nomes e a tecer comentários negativos. Como se não fosse o suficiente, também zombou de algumas pessoas do mercado e passou a perguntar a alguns:

— O que você acha de Fulano? Abusado, né? Ele se acha!

Em seguida, virava-se para outro e dizia:

— E Sicrano? Está há anos fazendo banca de bom empresário, mas, em apenas doze meses, eu já o ultrapassei em faturamento bruto.

Não satisfeito com os olhares incrédulos, o famoso influenciador passou a atacar mais pessoas que não estavam presentes. Também mencionou, reiteradas vezes, de forma pejorativa, muitos conhecidos dos convidados. Nesse momento, nossa noite, que até poucos minutos antes estava perfeita, acabou. Reis e nobres não suportam palavras mal colocadas, indiretas maldosas e calúnias sem fundamento. Declarações vazias jogadas ao vento não têm serventia para eles. Cada um já tem seus próprios problemas para resolver e nenhum deles está disposto a perder tempo com bobeiras.

O clima ficou extremamente pesado. Terminado o jantar, todos os demais me procuraram em particular e, com gentileza, pediram que eu não convidasse o falastrão para os nossos próximos preciosos e raros encontros. Aquela pessoa é, no mundo digital, um famoso influenciador e alcança grandes resultados. No nosso mundo particular, no entanto, tornou-se uma *persona non grata*, considerado inaceitável.

> "Os maus provocam discussões, e quem fala mal dos outros separa os maiores amigos."
>
> PROVÉRBIOS 16:28 (NTLH)

Alcançar certos patamares é demorado e tortuoso. É necessário ter algo especial que chame a atenção e que faça diferença na vida das pessoas. Além de desenvolver um trabalho considerado admirável, é preciso encontrar as pessoas certas, que abrirão as portas certas. Encontrar lugares especiais exige muito trabalho e esforço de cada um de nós. No entanto, com apenas uma palavra, você pode derrubar tudo o que empenhou muito tempo e dedicação para construir, acredite em mim!

Peço a sua confiança porque eu, infelizmente, aprendi essa lição apanhando da vida, e não desejo que a sua jornada terrena seja tão dura quanto a minha. Escrevo toda a minha experiência para que você possa trilhar um caminho melhor e mais assertivo. Passando por dores, sim, mas evitando sofrimentos desnecessários no seu caminho para a paz e a prosperidade.

Preste atenção nisto: tudo o que aquele influenciador falou poderia até ser verdade. Acredito que nenhum dos demais convidados, porém, tinha interesse no assunto. Ninguém relevante quer emprestar seus ouvidos para problemas alheios, principalmente quando o "acusado" não está presente para se defender. É uma questão de inteligência e justiça. Afinal, todos sabem que quem fala mal dos outros para você também falará mal de você para os outros. Entende?

> **Muitos gostam de uma boa fofoca, mas ninguém suporta conviver com um fofoqueiro.**
>
> TIAGO BRUNET

Na história, não há registro de alguém que tenha vencido na vida sendo caluniador, acusador ou *hater*. Ninguém que tenha adotado comportamentos destrutivos consta na lista dos heróis da fé. **Não é possível maldizer e ser abençoado.** Quem sempre dificulta a vida alheia não desfruta de verdadeira paz e prosperidade.

> Você conhece alguém que ama uma fofoca ou é uma dessas pessoas? Essas conversas geram algum ponto positivo para suas relações e para sua vida em geral? Esse tipo de conversa acrescenta valor e/ou conteúdo para o destino que você pretende alcançar? Alguma pessoa já foi prejudicada por algo que você disse a respeito dela quando ela não estava presente?
>
> _____
> _____
> _____
> _____
> _____

Acredito que a evolução espiritual exige de nós silêncio em muitos momentos. Estou certo, também, de que aquele que muito fala muito se atrapalha. Há, inclusive, provas milenares a esse respeito, como as pérolas do rei Salomão:

> Quem fala demais acaba pecando; quem é prudente fica de boca fechada. (Provérbios 10:19, NVT)

> O que guarda a boca e a língua guarda sua alma das angústias. (Provérbios 21:23, ARA)

O objetivo deste livro é conduzir você até o próximo nível. Se, neste momento, você está no nível dos que não conseguem conter a língua e, por isso, fala além do que deveria, chegou a hora de ter sabedoria com as palavras. Tudo será diferente se você levar a sério as instruções descritas aqui.

Acredite e pratique.
Aguarde os resultados.

Pequenas palavras podem gerar grandes tragédias, sabia? Um homem sábio de milhares de anos atrás deixou uma comparação interessante sobre o que pode acontecer ao utilizarmos mal nossa condição de falantes: "Semelhantemente, a língua é um pequeno órgão do corpo, mas se vangloria de grandes coisas. Vejam como um grande bosque é incendiado por uma simples fagulha" (Tiago 3:5).

Percebe que não foram somente aquele grande influenciador e eu que enfrentamos dificuldades geradas pelo mau uso das palavras? Acredito que ninguém tenha orgulho de tudo o que já proferiu durante a vida. **A língua é pequena, mas pode causar grande estrago.** Dependendo do que sai da boca, negócios são desfeitos, casamentos acabam, amizades morrem para sempre. O questionamento principal deste capítulo é: Será que vale a pena? Acredito que você já conheça a resposta. Contudo, você consegue controlar o que diz?

Reforço que não estamos tratando somente das letras em si, mas do todo que as envolve: a postura, o tom da voz, a expressão do rosto, os gestos que acompanham suas palavras. Acredito que o segredo é sempre falar de forma equilibrada, adequada à situação e sem intenção de ferir as pessoas com quem você está se comunicando. Não existe nenhum motivo que justifique gritos, por exemplo. Como ensina a Bíblia: "O seu falar seja sempre agradável e temperado com sal, para que saibam como responder a cada um" (Colossenses 4:6).

Lembro-me de quando comecei a dirigir. Eu tinha cerca de 18 anos e meu pai me deu um grande conselho: "Filho, nas ruas não basta você dirigir bem por você. Será necessário dirigir pelos outros". O significado dessa advertência é que o motorista precisa estar atento a tudo que acontece ao seu redor. São três retrovisores para observar bem a parte traseira, duas laterais e os pontos cegos. Todo carro tem pelo menos quatro pontos cegos, formados pelas colunas dos quatro cantos do veículo. Por mais observador e cuidadoso que um motorista seja, aquele pequeno pedaço de carroceria pode atrapalhar a visão do condutor de tal modo que precisa tomar precauções dobradas.

Essa pequena sugestão do meu pai serve como uma ótima analogia. Não basta pensar em quais palavras vamos falar; precisamos refletir sobre como o interlocutor, aquele que nos ouve ou lê, as compreenderá. Se falarmos com a nossa voz, a entonação é essencial. Se escrevermos, todo cuidado é pouco. Algumas vezes, o problema nem sequer está no que é dito, mas na condição emocional do outro para receber as informações.

Tire proveito de todas as situações para que se tornem parte da história que você contará como testemunha ocular. Aprecie a jornada e fale com cautela, mas com sinceridade. Nossa escolha vocabular denuncia de qual lado estamos. Há somente dois: o bem e o mal. Quando utilizamos as palavras com discernimento, optamos pelo bem. A temperança, ou moderação, é uma qualidade inerente das pessoas sábias e boas. Quando deixamos de filtrar o que nos vem à mente, elegemos o mal.

A atitude negativa funciona somente para quebrar e destruir relações, enquanto a positiva atrai alegria: "As palavras bondosas são como o mel: doces para o paladar e boas para a saúde" (Provérbios 16:24, NTLH). Esse texto de Salomão mostra o poder de transformação positiva daquilo que dizemos. Quando conseguimos nos expressar com palavras bondosas, revelamos que estamos em evolução espiritual. Caso contrário, permanecemos emocionalmente escravizados.

Tenha em mente, porém, que todas as informações que apresentei sobre o cuidado no momento de se expressar não devem, de forma alguma, funcionar como incentivo para que você tenha medo de se pronunciar ou para que fique, como diz o ditado, "pisando em ovos". Minha indicação, na verdade, é para que você seja consciente e intencional com as palavras para conquistar e manter a paz.

PALAVRAS REVELAM AS MÁS COMPANHIAS

Ao longo da vida, identifiquei quatro tipos de pessoas com as quais temos que ter *muito cuidado* – seja no convívio, seja para não nos tornarmos como elas:

1. A que fala como superior

Eu admirava muito certa pessoa que conhecia apenas pela internet. Ela lotava grandes espaços para ensinar as pessoas a melhorarem de vida e parecia ser inteligente e espiritualizada.

Depois de muito tempo a seguindo de longe, tive a oportunidade de conhecê-la pessoalmente. Foi uma decepção!

Em relação a tudo, ela dizia que era a maior, a melhor, a incomparável. Eu até achava que essa pessoa era boa mesmo, mas a melhor do mundo em tudo? Quem poderia afirmar isso de si mesmo? Em Provérbios 27:2, a Sabedoria Milenar nos ensina: "Que outros façam elogios a você, não a sua própria boca; outras pessoas, não os seus próprios lábios".

Palavras podem acabar com nossa reputação. Engraçado, né? Eu gostava dessa pessoa até conhecê-la ao vivo. Ela não me destratou, não errou comigo; apenas se colocou em posição de superioridade o tempo todo.

Acredite, ninguém enxergará você maior do que realmente é somente porque você está dizendo. Falar que você é bom, grande e melhor que os outros só afasta quem é do bem. A humildade deve ser a veste das palavras.

2. A que só fala de si mesma

Pessoas que ainda não conquistaram inteligência emocional e aquelas que têm problemas de identidade só falam de si. Não é preciso ser um gênio para perceber que o egocentrismo e outros desvios da alma se revelam nas nossas palavras.

Frequento muitos jantares e encontros com grandes *players* do mercado digital e da educação. Também com gente do mercado financeiro, artistas, esportistas e influenciadores. O problema é que pessoas que estão em alta exposição, mas não desenvolveram espiritualidade e equilíbrio emocional, só falam de si mesmas. Isso é chato!

Quer facilitar sua vida e evitar inimigos? Fale pouco de si.

3. A que só fala dos outros

Jamais conviva com essa pessoa ou se torne ela. Quem é tóxico se especializa em manchar a honra do próximo.

Para essa pessoa, o problema está sempre nos outros e é causado por terceiros, nunca por ela.

É impossível ser equilibrado sem fazer autocrítica, apenas despejando a responsabilidade sobre os demais. É impossível ser realmente bem-sucedido e, ao mesmo tempo, analisar e criticar o comportamento, a roupa, a família, o percurso dos outros. Você certamente conhece alguém assim. Aquele tipo de pessoa que aproveita qualquer brecha numa conversa para perguntar: "Viu o que Fulano fez? Um absurdo".

Não seja esse alguém e não dê ouvidos a pessoas assim.

4. A que não fala como as coisas realmente aconteceram

Tenho um conselho de ouro para quem quer vencer na vida: não aumente, não invente, não diminua; fale apenas o que aconteceu. Primeiro, porque a mentira não vem de Deus. Segundo, porque, cedo ou tarde, a verdade aparece, e o mentiroso fica exposto, como vimos no Capítulo 2.

Quando as pessoas percebem que alguém conta mentirinhas, começam a parar de acreditar nele e, pior, evitam ficar próximas para não terem sua vida e seu comportamento afetados ou confundidos. Quando queremos valorizar a história, tendemos a aumentar os fatos; já quando não queremos honrar alguém, os diminuímos.

Essa é uma estratégia nociva. A verdade sempre será melhor. Seja ela qual for. No fundo, todos enfrentamos problemas e sabemos que há dificuldades no dia a dia. Logo, é simples perceber quando alguém quer apenas contar vantagem ou exagerar nas palavras para diminuir o outro.

Fique com a verdade.

Jim Rohn diz que somos a média das cinco pessoas com quem mais convivemos.[10] Na tabela a seguir, faça uma lista de quem são essas pessoas na sua vida. Em seguida, analise se elas se encaixam em algum dos hábitos que acabo de apresentar e marque com um "X" cada uma dessas características. Ao final, pergunte a si mesmo se você quer manter um relacionamento tão próximo delas ou se prefere se afastar, a fim de não se tornar igual.

Pessoa	Fala como superior	Fala só de si mesma	Fala só dos outros	Fala diferente do que realmente aconteceu

10 ROHN, Jim; CANFIELD, Jack; SWITZER, Janet. *Os princípios do sucesso*. Rio de Janeiro: Sextante, 2007.

PALAVRAS SÃO CHAVES DE ACESSO

Há pouco, nós falamos sobre Nabal, aquele homem duro e insensato que, com suas palavras, provocou a ira de Davi e de seus soldados. Sua fala traria destruição para si e para a sua casa, pois, depois que os mensageiros contaram a Davi o que Nabal tinha dito, ele e mais quatrocentos homens se puseram em marcha, prontos para castigar aquele homem, que era rico em bens, mas pobre em sabedoria. Nabal certamente teria tido uma morte violenta se não fosse a ação inteligente de sua esposa, Abigail.

Os servos da casa ouviram o que havia se passado e contaram a sua senhora a ação imprudente de Nabal. Sem nem mesmo consultar o marido, ela ordenou que seus servos levassem mantimentos para Davi e seus homens, e partiu ela mesma na direção deles. Quando os encontrou, assumiu uma postura humilde e disse:

> Meu senhor, a culpa é toda minha. Por favor, permite que a tua serva te fale; ouve o que ela tem a dizer. Meu senhor, não dês atenção àquele homem perverso Nabal. Ele é insensato, conforme o significado do seu nome; a insensatez o acompanha. Contudo, eu, tua serva, não vi os rapazes que o meu senhor enviou. [...] Quando o Senhor tiver feito ao meu senhor [Davi] todo o bem que prometeu e te tiver nomeado líder sobre Israel, o meu senhor não terá no coração o peso de ter derramado sangue desnecessariamente nem de ter feito justiça com as próprias mãos. (1 Samuel 25:24,30)

Veja como Abigail usou suas palavras de forma estratégica! Ela fez uma rápida leitura da situação, tomou ações práticas e, além disso, soube se comunicar com humildade diante de Davi, algo que seu marido não foi capaz de fazer. Suas palavras não eram vazias, pois ela levou consigo presentes para os soldados e usou a entonação correta ao dizê-las. Abigail foi bem-sucedida, pois Davi respondeu: "Vá para a sua casa em paz. Ouvi o que você disse e atenderei ao seu pedido" (1 Samuel 25:35).

Se a história acabasse aí, já seria impressionante o suficiente, não é mesmo? Mas a verdade é que as palavras de Abigail lhe deram acesso a um futuro elevado. Apenas dez dias depois desse incidente, Nabal morreu. Quando Davi ouviu a notícia, enviou mensageiros até Abigail, solicitando que ela se tornasse sua esposa. Isso mesmo: por causa de sua fala, Abigail se casou com o futuro rei! No lugar do insensato Nabal, o nobre Davi!

O mesmo ocorre conosco: **nossas palavras podem ser chaves de acesso para desbloquear oportunidades melhores**.

PALAVRAS QUE EDIFICAM

Provérbios 18:21 deixa claro: "A língua tem o poder de vida e morte; quem a ama comerá do seu fruto". O que você diz, portanto, pode gerar sorrisos ou lágrimas, festa ou briga, luz ou escuridão. Assim como da mesma fonte não pode jorrar água doce e salgada, não é possível falar bondades em algumas ocasiões e ruindades em outras. No fim das contas, o mal que não é cortado pela raiz contamina tudo que está ao redor.

Uma das tarefas espirituais que mais me esforço para praticar – e que com certeza me ajudou a alcançar o que vivo hoje – é a de não abrir a boca se a intenção não for *edificar*. Tenho como lema que **o que não edifica não**

merece cimento. Tanto você como eu sabemos que não sou perfeito, pois sou humano. É claro que, como exemplifiquei anteriormente, em alguns momentos cometi o erro de falar a respeito de alguém que não estava presente e até mesmo fofoquei. Entretanto, posso afirmar que foram circunstâncias raras, das quais me arrependi profundamente. O que é relevante sobre esses fatos é: eu não voltei a cometer os mesmos erros.

Quando surgir em sua mente uma ideia que se parece com uma fofoca ou um comentário maldoso, leve em conta a história a seguir, conhecida como "As três peneiras de Sócrates":

> Certo dia, um homem intrigado procurou o grande filósofo Sócrates para compartilhar uma informação que julgava ser do interesse daquele sábio:
> — Mestre, preciso contar algo sobre um amigo seu!
> — Antes que fale, quero saber se você já filtrou o que sabe com as três peneiras.
> — Três peneiras? Não entendo o que o senhor quer dizer.
> — Tudo quanto queremos dizer devemos peneirar três vezes. A primeira peneira é a da verdade. Tem certeza de que o que quer me contar é verdadeiro?
> — Bem, eu ouvi de outras pessoas. Não sei se é exatamente a verdade.
> — A segunda peneira é a da bondade. Por essa peneira você passou o que pretende dizer, não é?
> Ruborizado de vergonha, o homem respondeu:
> — Confesso que não.
> — A terceira é a peneira da utilidade. O que você vai me contar sobre meu amigo é útil?
> — Bem, a verdade é que não.

— Então — concluiu o filósofo —, se o que você tem a falar não é verdadeiro nem bom ou útil, é melhor não dizer.[11]

Antes de tecer um comentário, pergunte a si mesmo: "É verdade o que tenho a contar? É algo bom de se dizer? Tem alguma serventia?". Se a resposta for "não", delete o pensamento. Não use sua boca para jorrar "água salgada", que não pode ser ingerida de forma saudável.

Quem conhece o peso das palavras valoriza o silêncio.

"Mas, Tiago, você nunca fica com raiva de alguém? Não sente vontade de falar para todo mundo a pessoa terrível que ela é?" Esses questionamentos podem estar passando pela sua cabeça. Como a verdade é um dos princípios que cumpro, admito que fico com raiva, sim. Antes de verbalizar o que sinto, porém, levo em consideração que maldizer a pessoa não vai mudá-la. Como o meu propósito de vida é transformar pessoas por meio dos nossos treinamentos, cursos, pregações e livros, tomo outras atitudes.

Se é uma pessoa do meu convívio, venço meus achismos e bloqueios emocionais. Entro em contato e falo diretamente com aquele de quem discordo. Se não é do meu meio mais próximo e não tenho abertura para a

---

11 ALVARENGA, Mary. As três peneiras de Sócrates. *Secretaria da Educação*. Adaptado de: http://www.filosofia.seed.pr.gov.br/modules/conteudo/conteudo.php?conteudo=1293#:~:text=Verdade%20%2D%20Bondade%20%2D%20Necessidade%2C%20existentes,%3A%20VERDADE%2C%20BONDADE%20e%20NECESSIDADE. Acesso em: 13 nov. 2023.

conversa franca, eu me calo, pois não há benefício em falar dele para outros.

Certa vez, um amigo estava se envolvendo em negócios com uma pessoa que havia me ferido. Entendi que era necessário alertá-lo sobre o acontecido. Até isso, no entanto, é complexo. Se você não tiver controle emocional para falar apenas acerca do erro, acabará espalhando histórias negativas sobre a pessoa. Caso você não apresente um argumento consistente, seu amigo fechará negócio com quem feriu você. Além disso, parecerá que você é desequilibrado ou perseguidor, pois fala mal dos outros, entende? **Cumprir princípios milenares é um estilo de vida. Guarde essa informação. Não se faz o bem apenas uma vez. Esse deve ser um compromisso diário.**

Todos os artistas de grande expressão e atletas de alta performance têm algo em comum: a constância. Um pianista não é alguém que tocou piano uma ou duas vezes na vida, nem aquele que pratica de vez em quando, apenas quando tem vontade. Ninguém se torna um jogador de futebol por ter feito gol uma única vez, e uma bailarina só consegue dar piruetas perfeitas depois de ter se dedicado a isso por anos a fio. Aquele que almeja a excelência precisa ter um estilo de vida compromissado com esse objetivo.

É exatamente assim com o princípio das palavras: ninguém pode ser considerado equilibrado e confiável por agir corretamente uma única vez. Eu tomei a decisão de ser luz na vida das pessoas. Por causa disso, precisei dominar ainda mais a minha língua e refinar minhas palavras não somente por um dia, mas para sempre.

> Ninguém marca positivamente a vida de alguém falando mal dessa pessoa.

Os *haters*, pessoas que atacam outras na internet, agem pelos mais variados motivos e atacam qualquer um. Basta ter relevância para se tornar alvo de pessoas que destilam ódio e ataques irracionais nas redes. Já aconteceu comigo, mais de uma vez.

Todos os dias recebo milhares de mensagens nas redes sociais. É humanamente impossível ler todas. No entanto, eu dedico um tempo do meu dia para ler as mensagens que recebo e responder às pessoas que me escrevem. Não consigo, como já disse, ler todas. Certa vez, abri a mensagem que um rapaz enviou pelo *direct* do Instagram, em que ele me mandava calar a boca e me insultava com palavras tóxicas. Aquele rapaz conseguiu uma oportunidade: eu abri a mensagem dele. Já ajudei muitas pessoas que me escreveram. Mas, em vez de um pedido de orientação ou de ajuda, havia um ataque. Entendo que ele perdeu uma boa chance de se conectar comigo.

Bem, voltemos à história. Ele me escreveu coisas horrorosas, como "lixo maldito", "desgraçado" e "ridículo". É ruim ser xingado? É péssimo. Dá raiva? Dá. Mas precisamos tomar as decisões certas e agir conforme a Sabedoria Milenar. A minha resposta para ele foi: "Deus te abençoe. Seus melhores dias estão por vir. Guarde o teu coração, pois Deus tem um grande propósito na tua vida". Sabe o que ele me respondeu? Sim, ele respondeu. Não fugiu diante das minhas palavras brandas. A resposta dele foi: "Perdão".

De que adianta ofender quem nos insultou? Existe algum prêmio em provar que está certo? Há dois pontos importantes para ter em mente aqui. O primeiro é que revidar nos iguala a quem nos atacou. Você não será melhor se "puser os pingos nos is": apenas se tornará igual a quem errou. O segundo ponto é que, mesmo que alguém erre conosco, o ideal é não o ferirmos de volta. Ao agir de modo equivalente ao que recebemos, fechamos definitivamente a porta do coração dessa pessoa.

Gosto muito da biografia de Nelson Mandela (1918--2013). Resumidamente, ele foi um advogado sul-africano que lutou contra a segregação racial. Por esse motivo, ficou preso durante vinte e sete anos. Ao reconquistar a liberdade, foi eleito o primeiro presidente preto da África do Sul. Mandela tornou-se um símbolo de liderança em um país dividido. Brancos de um lado, pretos de outro. Ele sabia que, para tirar a África do Sul daquele mar de ódio, teria que, de alguma forma, atrair a simpatia de quem o via como inimigo.

Madiba, como era chamado, acreditava no poder das palavras. No livro *Conversas que tive comigo*, lemos:

> Se quisermos educar as pessoas e convertê-las para o nosso lado, devemos fazer o que fizemos com os guardas da prisão. Não se pode fazer isso sendo agressivo, pois as pessoas se afastam e reagem negativamente, enquanto uma abordagem mais suave, especialmente quando se tem confiança no argumento, traz resultados muito melhores do que a agressão.[12]

Que lição! As palavras agressivas afastam e geram reações ruins. As palavras suaves abrem caminho para a união. Nossas palavras têm o poder de mudar a opinião e a forma de pensar dos demais, então use-as com sabedoria. **Tenha sempre como objetivo maior alcançar o bem de todos, não apenas o seu.**

---

12 MANDELA, Nelson. *Conversas que tive comigo*. Rio de Janeiro: Rocco, 2010, p. 229.

Eu, por exemplo, realmente acredito na advocacia divina. Você pode indagar como é possível. Bem, eu sou muito focado em resultados. Independentemente da minha fé, sempre estudei tudo que dá certo, que conduz ao sucesso. Afirmo que faço isso "independentemente da minha fé" porque muitos religiosos creem que, por "ter Deus no coração", não precisam estudar, trabalhar duro ou construir relacionamentos estratégicos.

Todos os princípios que pratico e ensino aqui são bíblicos, mas não os prego por ser cristão. Divulgo e defendo esse conteúdo porque ele é válido há milênios. Acredite, realmente funciona. Contudo, não basta apenas conhecer os princípios. Quando se trata de preceitos, é necessário cumpri-los. Somente dessa forma você poderá usufruir dos benefícios.

> **Princípios milenares só valem se forem cumpridos.**

Ao levar em consideração a Sabedoria Milenar, existem apenas dois lados. Biblicamente, existem apenas Deus ou o Diabo, céu ou inferno, bem ou mal. Se perguntarmos às pessoas ao nosso redor qual deve ser o lado escolhido, até mesmo uma criança saberá responder: Deus, céu e bem.

No entanto, infelizmente, sou portador de uma notícia difícil de engolir: escolher essas palavras não é suficiente. É necessário ter atitude, agir. Grave esta afirmação, destaque-a no texto: **viver por princípios exige ação!** Não podemos evoluir espiritualmente apenas pelo que falamos; precisamos *realizar*. Quando esses dois pontos estão alinhados, entramos no caminho da evolução.

Nossas palavras, somadas às nossas ações, definem de qual lado estamos.

O rei Salomão nos deixou mais uma grande ajuda ao escrever o que incomoda o Criador: "Seis coisas o Senhor Deus *odeia*, e uma sétima a sua alma *detesta*: [...] [aquele] que semeia discórdia entre irmãos" (Provérbios 6:16-19, NAA, grifos meus).

Entenda que a forma mais comum de provocar intrigas e brigas entre pessoas unidas é a fofoca. O famoso "disse me disse", a calúnia. Memorize, então, algo ainda mais importante: Deus odeia a fofoca. Quem difama outra pessoa, espalha informações falsas ou não confirmadas e alimenta discussões, na verdade, empresta a boca ao Diabo.

Quando você usa seus lábios para provocar, escolhe as trevas. Esse foi o caso de Nabal, cuja história contei anteriormente. Ao responder rudemente aos mensageiros de Davi, Nabal escolheu o lado inimigo do futuro governante. Como já comentamos, o desfecho da história seria sanguinário se não fosse Abigail, a sensata esposa de Nabal. As palavras dela salvaram seu lar.

Palavras ferem, mas também curam.

PALAVRAS SÃO SEMENTES

Faça a sua escolha sobre o seu futuro levando em consideração que palavras são como sementes: uma vez lançadas, vão gerar frutos. A boa notícia é que a boca é sua! Então, deixe de plantar as sementes erradas e passe a lavrar apenas os grãos certos.

Aquilo que dizemos pode nos trazer alegria ou tristeza. Se você deseja se conectar com pessoas relevantes e ser aceito em uma poderosa rede de contatos, escolha sabiamente suas palavras. Se quer transformar inimigos em aliados, use vocábulos que transformam e inspiram. Se quer ter um futuro de paz, lembre-se de que palavras são sementes: algumas produzem choro, enquanto outras geram alegria.

Você controla o que diz; portanto, entenda que a felicidade pode estar na ponta da sua língua. A decisão é sua. Palavras importam, sim.

Sou a favor da evolução espiritual de todo ser humano e luto para levá-la em minhas mensagens escritas e faladas. Não vejo a possibilidade de alguém ser perfeito no que diz sem amadurecer espiritualmente.

Se a boca fala do que o coração está cheio, temos que saber o que enche nosso coração – ou seja, aquilo que consumimos com nossos olhos e ouvidos. O próprio Jesus nos ensinou: "Se seus olhos forem bons, todo teu corpo terá luz" (Mateus 6:22). Então, quanto mais você cuidar do que vê e escuta, mais seu coração ficará limpo e melhores suas palavras serão.

Para gerar bons frutos com as suas palavras, aconselho que você releia o que foi discutido neste capítulo, quantas vezes precisar. Além de estudar, é necessário praticar. Por isso, listo a seguir algumas linhas de ação para que você abandone a insensatez da língua e passe a se comunicar de forma sábia, efetiva e estratégica.

1. Grite menos e fale melhor. Aprenda a desenvolver seus argumentos.
2. Alinhe suas palavras com a intenção do seu coração. Evite palavras sem sentido, jogadas ao vento. Palavras são códigos, então precisam ser certeiras e intencionais.

3. Estude o português, leia livros, dedique-se à interpretação de textos. Isso ajudará você a escolher melhor as palavras.
4. Abra sua boca para abençoar, nunca para maldizer. Use palavras positivas, afinal sua língua deve ser um agente do bem.
5. Profetize! Declare palavras bíblicas sobre seus filhos, seus negócios e seus relacionamentos.

CURA PELAS PALAVRAS

Como vimos, palavras podem ferir, mas também curar. Elas são ditas, mas também ouvidas. Com certeza, em sua vida, você já deve ter escutado palavras que te magoaram profundamente, abrindo feridas que ainda não cicatrizaram. Por isso, hoje, vamos aprender também como as palavras podem curar.

Feche seus olhos e pense em todas as crenças limitantes que surgiram por conta de coisas terríveis que você ouviu. Talvez alguém tenha dito que você não é inteligente, que nunca vai conquistar seus sonhos ou até mesmo que jamais será amado.

Está na hora de trocar essas palavras agressivas por palavras de amor e perdão. Quero que você escreva uma carta para si mesmo contradizendo tudo o que te falaram. Pense no que diria se alguém que você ama contasse que ouviu palavras terríveis como essas. O que você responderia?

> **Quem não ouve não prospera!**
>
> TIAGO BRUNET

CAPÍTULO 4

O princípio da escuta: a lei espiritual que dá destino

"A fé vem pelo ouvir."

ROMANOS 10:17

Desde que me entendo por gente, eu corro atrás da sabedoria. Esta foi uma das grandes buscas de minha vida: amadurecer, polir meu comportamento, aprender a falar e saber tomar decisões assertivas.

Quando comecei a me dedicar a esse tema, logo aprendi que o oposto da sabedoria é a insensatez.

Basicamente, o insensato – palavra que aparece muito no livro de Provérbios – é aquele não ouve a quem precisa ouvir. Aquele que fecha seus ouvidos para os conselhos, para a verdade e até para o óbvio.

"O filho insensato é tristeza para o seu pai e amargura para quem o deu à luz."

PROVÉRBIOS 17:25 (ARC)

O insensato faz tolices, não escuta instruções, rejeita a repreensão. Então, a chave para que seus ouvidos se abram e escutem as pessoas corretas chama-se sabedoria. **Só falará para muitos aquele que muito já escutou. Isso é regra!**

Tudo aquilo a que damos ouvido é plantado em nosso coração, como uma semente em solo fértil. E o que entra em nosso coração determina nossos pensamentos e opiniões.

> Se há poder na fala, então, certamente, há poder na escuta.

Quando uma empresa de pequeno porte cresce e começa a faturar milhões mensalmente, uma das primeiras atitudes que a diretoria toma é montar um conselho. *Board*, ou conselho de administração, é uma equipe com poder de aconselhar, direcionar e supervisionar os negócios de uma organização. O empresário convida executivos e profissionais experientes para formá-lo. Assim, um grupo de especialistas o guia com conselhos adequados para garantir o crescimento desejado.

Da mesma forma, quando coroado, um rei ou rainha também precisa de bons conselheiros. Como o líder Josué, grande conquistador hebreu que, depois da morte do libertador Moisés (maior profeta do judaísmo), liderou o povo para conquistar Jericó. Alexandre, o Grande, foi um dos mais notáveis guerreiros e estrategistas da história. Ele era um macedônio de 20 anos que mudou o curso da Europa e da Ásia com sua ambição e inteligência. Maomé II, o Conquistador, invadiu e dominou a grande Constantinopla (atual Istambul), que era a capital do Império Bizantino na época. Todos eles ouviam a voz da experiência.

Um presidente eleito faz o mesmo: ministros são escolhidos para ajudar a cuidar de uma nação. Pessoas que lideram o espírito humano, como Martin Luther King Jr., também precisam de um círculo de conselheiros. Tanto os empresários como os governantes precisam de pessoas de confiança e cheias de sabedoria às quais darão ouvidos.

Ouvir é uma qualidade dos vencedores.

Orgulhosos, sabichões, ignorantes e hipócritas religiosos geralmente não escutam ninguém. Os que querem vencer se esmeram nisso! Mas Alexandre, o Grande, ouviu ninguém menos que Aristóteles, o ilustre filósofo e pensador grego. O Dr. King foi à Índia ficar um mês inteiro aprendendo mais sobre Mahatma Gandhi. Josué escutou Moisés por toda a vida. Todos eles seguiam esse princípio milenar.

A Sabedoria Milenar confirma a importância de ter pessoas sábias a quem consultar:

- "Sem orientação a nação cai, mas a vitória se alcança com muitos conselheiros" (Provérbios 11:14).
- "O caminho do insensato parece-lhe certo, mas o sábio ouve o conselho" (Provérbios 12:15).
- "Os planos fracassam por falta de conselho, mas são bem-sucedidos quando há muitos conselheiros" (Provérbios 15:22).

- "Os planos são estabelecidos pelo conselho, e só saia à guerra com orientações precisas" (Provérbios 20:18).

Todos os que têm uma vida influente, porém leve, nesta peregrinação terrena, ouvem as pessoas certas e se preocupam com o que e quem vão escutar. Na sua vida, se você deseja alcançar a verdadeira sabedoria, não pode ser diferente. Por isso, este capítulo vai começar treinando a sua escuta.

Vamos avaliar a sua escuta! Será que você tem se preocupado e escolhido cuidadosamente a quem ouvir, ou seus ouvidos estão abertos a tudo e a todos? Você busca pessoas para pedir conselhos?

No teste abaixo, marque um "X" na resposta mais adequada à maneira como você agiria em cada situação. Seja rápido, não pense demais, para ser o mais sincero possível. Depois, conte quantos "X" você marcou em cada coluna, multiplique pelo número no final da coluna e some seus pontos. Assim, você será capaz de avaliar o quanto precisa aprimorar a escuta!

Situação	Sim	Mais ou menos	Não
Quando meus filhos, meu cônjuge e/ou meus pais e irmãos chegam em casa e falam sobre seu dia, ouço com toda a atenção.			
Costumo abrir meu coração para meu cônjuge, pai, mãe, irmãos, pastor ou outro grande conselheiro.			
Quando as pessoas conversam comigo, não fico mexendo no celular nem olhando para o lado.			
Nunca tomo uma decisão sem antes conversar com pessoas da minha confiança.			

Situação	Sim	Mais ou menos	Não
Tenho um grupo de amigos e colegas com quem posso compartilhar minhas dúvidas e meus problemas.			
Sempre ouço com atenção a história de outras pessoas quando a compartilham comigo.			
Numa conversa, não interrompo os outros. Presto atenção e espero minha vez de falar.			
Eu sei presentear as pessoas mais próximas, pois conheço seus gostos e suas preferências.			
Às vezes, realizo tarefas no trabalho ou em casa sem que me peçam, pois estou atento às necessidades alheias.			
Sempre considero o conselho das pessoas de minha confiança. Jamais descarto completamente o que me dizem, mesmo que, a princípio, discorde.			
Total de pontos	×3 ___	×2 ___	×1 ___

Por exemplo, se você marcou 5 vezes na coluna "Sim", 2 na coluna "Mais ou menos" e 3 na coluna "Não", sua soma de pontos é:

3 × 5 = 15
2 × 2 = 4

3 × 1 = 3
Total de pontos: 15 + 4 + 3 = 22

DE 21 A 30 PONTOS

Mesmo sem saber, você segue o princípio da escuta! Você tem pessoas da sua confiança ao seu redor, ouve quem te quer bem e sabe mais que você, não dispensa bons conselhos e também se preocupa em prestar atenção aos outros. Continue assim!

DE 10 A 20 PONTOS

Você precisa prestar mais atenção ao seu redor e construir uma rede de conselheiros. Se quiser ter sucesso e uma vida mais próspera, ouça mais e fale menos. Não tenha medo de buscar o aconselhamento de quem te quer bem. Da mesma forma, faça sua parte e fique atento ao que as pessoas podem te dizer.

É muito importante avaliar nossa capacidade de escuta, porque nem sempre ouvimos direito. Quem nunca tomou uma decisão baseada em algo que escutou e depois se arrependeu? Acredito que todos nós já fizemos isso em algum momento da vida.

Ouvir errado é pior que não ouvir.

Você acredita que, mesmo com todo conhecimento e sabedoria que conquistei até aqui, há cerca de três anos caí em um golpe de investimento em criptomoedas? Ouvi dizer que o Bitcoin era a nova tendência do mercado financeiro. Infelizmente, ouvi a informação pela metade. Não adiantava investir em Bitcoin ou em qualquer outra moeda digital, a não ser através de uma plataforma exclusiva e oficializada. Como escutei mal, investi errado e perdi tudo que coloquei lá.

O orgulho de achar que eu já era um bom investidor me fez fechar os ouvidos para conselhos. Eu era amigo de grandes investidores do país e me recusei a escutá-los. Mesmo tendo sabedoria para algumas coisas, agi com insensatez!

Se você já captou a importância suprema de ouvir, precisa anotar que escutar certo e por completo é fundamental. Entende? Mas não para por aí: *quem* você ouve, ou de onde você tira suas informações, também é fundamental.

EVITANDO TRAGÉDIAS

Certa vez, fui procurado por uma pessoa que buscava um conselho. Ela já tinha, em certo aspecto, tomado uma decisão, que eu julgava ser fundamentada em sentimentos transitórios, mas que contava com o apoio de conselheiros que pareciam pertinentes à situação. A história que conto a seguir é real.

Um empresário e influenciador brasileiro me procurou e perguntou se poderíamos nos encontrar para uma conversa. Marcamos um almoço. O início da conversa foi bom, de conteúdo leve. Ele me contou que estava feliz com os grandes resultados que vinha acumulando tanto financeiramente como em seu casamento; parecia que tinha uma vida feliz. Contudo, essa sensação durou pouco; não demorou até ele entrar no assunto que realmente o motivou a me procurar: uma briga com seu pai.

Esse jovem bem-sucedido é filho de um homem rico e repleto de realizações. O pai construiu um negócio do zero e incluiu o filho na empresa. Apesar de os dois serem, juntos, um sucesso empresarial na área em que atuavam e de terem o mesmo sangue, havia tempos que já não se davam bem. Com o passar dos anos, a desavença familiar aumentou, e o que poderia ser resolvido dentro de casa, no ambiente familiar, agora estava prestes a se tornar um caso judicial.

O jovem me contou que o pai dele estava se negando a pagar uma dívida com um ex-executivo da empresa que processou pai e filho. Além disso, o pai também se negava a repartir com o filho parte de um lucro, ainda que este tivesse ajudado a construir esse resultado com muito esforço. A soma das situações fez esse homem se decidir a processar o pai, aquele a quem devia a vida, a fim de pedir uma indenização milionária.

Ninguém toma uma decisão como essa da noite para o dia. Não é algo que acontece porque o filho acordou chateado ao receber o primeiro "não" da sua vida. A decisão de ir à justiça contra o pai também não era uma ideia fermentada apenas por pensamentos da cabeça dele. Antes daquele almoço comigo, ele tinha conversado com outras pessoas que o apoiavam e construído essa que lhe parecia ser a melhor solução para o problema. Então, perguntei:

— Você quer processar o *seu pai*?

— Ele me deve dinheiro e não quer pagar — disse ele.

Com essa resposta, percebi que aquele jovem, de olho nos milhões de reais, estava com muita vontade de entrar com a ação. Também logo entendi que, ao me procurar, ele buscava outra opinião, uma vez que já tinha conseguido apoio para a ideia do processo. Caso contrário, simplesmente teria contratado um advogado e dado entrada no processo judicial.

Eu o ouvi pacientemente, prestei atenção em cada detalhe da história e também na sua indignação. Aquele jovem sentia-se desprestigiado e verdadeiramente trapaceado pelo pai. Na cabeça dele, não havia nada mais justo do que buscar uma indenização pelo que ele considerava um dano e colocar no bolso o valor ao qual imaginava ter direito.

Foi quando lhe fiz uma pergunta precisa:

— Você sabe qual é o primeiro dos dez mandamentos dados por Deus a Moisés que tem relação com os demais seres humanos?

Ele não sabia; então, continuei.

— Essa história está registrada em Êxodo, o segundo livro da Sabedoria Milenar. No versículo 12 do capítulo 20 está escrito: "Honra teu pai e tua mãe". Você acha que, ao processar o seu pai, cumprirá esse mandamento?

— Mas ele não quer me dar o dinheiro que é meu por direito... — ele retrucou.

— Não foi isso que perguntei — disse eu, para trazê-lo de volta ao foco. — Esse código foi escrito há milênios e continua dando resultados positivos até hoje.

Ele, então, me respondeu com um tímido "Não". Como ele havia me procurado com a intenção de pedir conselho, fui direto ao ponto com muita franqueza:

— A Sabedoria Milenar é muito precisa em suas palavras. O texto não diz que temos de honrar os nossos pais somente quando eles são legais e justos com a gente. Diz que devemos honrá-los, nada mais – com exceção, é claro, de pais abusivos. Agora, não sendo o caso, isso significa que a honra deve ser dada aos seus pais durante toda a sua vida, independentemente do tipo de pai que você tem. É um princípio a ser seguido!

> **Princípios não devem ser quebrados apenas porque no momento achamos que não são justos.**

Minha conversa com o jovem empresário durou apenas mais alguns minutos. Esse tempo foi suficiente para que ele, um homem inteligente, pudesse absorver meu conselho baseado na verdade de Êxodo e mudar de ideia. Sei que o tema da conversa era uma fortuna, mas precisamos manter em mente que milhões de reais são nada comparados aos problemas que a quebra de um princípio milenar pode causar. E aquele jovem empresário entendeu perfeitamente o alerta.

Alguns meses depois, nós nos encontramos por acaso em uma festa. Com um sorriso enorme no rosto, ele me agradeceu pelo conselho que eu lhe havia dado. A decisão que ele tomou de ouvir o que diz a Sabedoria Milenar e honrar seu pai deu início a uma nova fase em sua vida. Além de ter criado projetos que ampliaram sua fortuna nos meses seguintes e de ter ficado conhecido como o fundador de um grande negócio (não como alguém que ganhou dinheiro na justiça), ele ainda melhorou substancialmente sua relação com o pai.

Tão importante quanto ouvir conselhos é ouvi-los das pessoas certas, que têm como base os princípios milenares imutáveis. Aquele jovem já tinha ouvido palavras que confirmavam que seu modo de pensar estava certo. Contudo, da multidão de conselhos, ele escolheu seguir aquele que continha princípios milenares e colheu o resultado de sua escolha positiva.

OUVIR A PESSOA CERTA GARANTE A DECISÃO CERTA

Davi foi um pastor de ovelhas que se tornou muito famoso depois de matar um gigante filisteu, chamado Golias, que havia desafiado o exército israelita. Nem mesmo os homens treinados tiveram coragem de enfrentar Golias. Contudo, Davi o derrotou com uma pedra lançada por um estilingue. Algum tempo depois, conforme já tinha sido profetizado por Samuel, ele se tornou rei de Israel. Certos episódios da vida de Davi reforçam a importância de ouvir as pessoas certas.

Antes mesmo de se tornar um guerreiro famoso, Davi já havia recebido a unção e a promessa divina de que se tornaria rei de Israel. Todavia, somente depois de se tornar uma "celebridade" por ter derrotado o gigante Golias é que Davi passou a ser perseguido pelo rei Saul, que era o governante naquela época. Apesar de ser a maior autoridade de Israel, Saul andava perturbado de inveja. O rei, inclusive, chegou a tentar tirar a vida de Davi, que teve de fugir para não ser assassinado.

Algum tempo depois, a situação se inverteu, e um conselho poderia ter mudado toda a história de Davi. Saul e três mil de seus melhores soldados estavam acampados na região da colina de Haquilá, em frente ao deserto de Jesimom. Davi sabia que estava sendo caçado pelo rei, mas, ainda assim, teve coragem de ir até o acampamento inimigo.

O Livro da Sabedoria Milenar conta que Davi e seu guerreiro Abisai entraram à noite no acampamento. Saul estava deitado, dormindo profundamente, com sua lança fincada no chão, perto da cabeça. Os soldados reais também dormiam profundamente, "pois um sono pesado, vindo do Senhor, havia caído sobre eles" (1 Samuel 26:12).

Imagine a cena: Saul, que havia tentado matar Davi, estava dormindo na frente dele, completamente indefeso. Diante disso, Abisai sugeriu que eles aproveitassem a oportunidade e matassem o rei Saul: "Abisai disse a Davi: — Hoje Deus entregou o seu inimigo nas suas mãos. Agora deixe que eu crave a lança nele até o chão, com um só golpe; não precisarei de outro" (1 Samuel 26:8).

Davi, porém, não concordou. O Livro Eterno conta que ele respondeu a seu fiel guardião: "— Não o mate! Quem pode levantar a mão contra o ungido do Senhor e permanecer inocente?" (1 Samuel 26:10). Davi poderia ter ouvido aquela sugestão que foi, praticamente, um pedido, mas preferiu seguir os princípios.

Mesmo que o conselho venha da pessoa em que você mais confia, caso implique quebrar princípios, não deve ser ouvido.

> Tão importante quanto escutar conselhos é saber ouvi-los na hora certa e de quem entende do assunto.

TIAGO BRUNET

Passado algum tempo da oportunidade de tomar o reino, Davi se viu em uma situação terrível. Como ainda era perseguido por Saul, ele e seus homens viviam em Ziclague. Enquanto estavam fora, o acampamento deles foi atacado pelos amalequitas, que levaram como prisioneiros filhos, esposas e idosos dos israelitas.

A situação era dramática! Como conta 1 Samuel, "Davi ficou profundamente angustiado, pois os homens falavam em apedrejá-lo; todos estavam amargurados por causa de seus filhos e suas filhas" (30:6a). Davi era o líder, o guia daqueles homens. Eles haviam saído de casa e deixado suas famílias desprotegidas. Naturalmente, a raiva dos soldados foi direcionada para seu líder. Em vez de se desesperar, Davi procurou o conselho perfeito, pois o versículo termina assim: "Davi, porém, fortaleceu-se no Senhor, o seu Deus" (1 Samuel 30:6b). É um grande exemplo a ser seguido.

Diante de adversidades, é comum que muitas pessoas percam o controle e optem pela solução mais fácil. Para alguns, isso significa usar a força do próprio braço. Outros acreditam resolver os desafios que surgem confiando na robustez da conta bancária. Há ainda aqueles que apelam para o *networking*, firmados na capacidade de seus amigos influentes. Davi, porém, não fez nada disso:

> Então, ele disse ao sacerdote Abiatar, filho de Aimeleque:
> — Traga-me o colete sacerdotal.
> Abiatar o trouxe a Davi, e ele perguntou ao Senhor:
> — Devo perseguir esse bando de invasores? Irei alcançá-los?
> O Senhor respondeu:
> — Persiga-os, porque certamente você os alcançará e conseguirá libertar os prisioneiros. (1 Samuel 30:7,8)

Esses dois episódios da vida de Davi têm um ponto em comum: ambos apontam para uma ação que provocaria derramamento de sangue. Davi tomou decisões diferentes em cada um dos casos. No acampamento de Saul, no deserto de Jesimom, Davi rejeitou o conselho de Abisai, um guerreiro de sua inteira confiança. Consciente do erro que seria tomar o trono à força, ele não permitiu que o sangue de Saul fosse derramado. Entretanto, diante da tragédia que atingiu todo o seu exército em Ziclague, o mesmo Davi acatou a decisão de ir para a batalha.

A história mostra que Davi acertou nas duas ocasiões. Fechou os ouvidos ao conselho que feria princípios, mas seguiu o direcionamento dado por aquele que sabe de todas as coisas. Precisamos, então, entender que: **o segredo não está na pessoa que dá o conselho, mas em discernir se o conselho cumpre ou fere algum princípio.**

Você precisa estar alerta àquilo que chega aos seus ouvidos. Se não souber usar o filtro dos princípios, certamente cairá em um problema ainda maior.

Lembro-me de uma ocasião na qual eu estava fazendo uma corrida leve pelo condomínio onde moro e um rapaz, passando de bicicleta, esbarrou em mim. Eu corria distraído, ouvindo música pelo fone de ouvido que acabara de ganhar. Eu tinha percebido a bicicleta vindo, mas não achei que ocorreria um encontrão. Quando esbarramos, o ciclista falou: "Eu buzinei". Sim, é verdade que ele avisou. Contudo, como eu estava com fones de ouvido, não escutei.

Com essa experiência aprendi que, apesar de enxergar a situação, ainda estamos sujeitos a sofrer um acidente. Naquela ocasião, *ver* não foi o suficiente, pois há sinais que captamos somente pela audição. Certamente, se não estivesse com fones no ouvido, eu teria sido alertado pela buzina da bicicleta e desviado.

> Existem alertas que só podem
> ser captados pelos ouvidos.

Ao compreender a importância dos alertas que somente recebemos pelo ouvir, retomo aqui a história de Davi. Não demorou muito para que Saul morresse e o guerreiro assumisse o trono de todo Israel. Davi era diligente em buscar a Deus e em seguir os princípios milenares, tanto que foi reconhecido como um homem segundo o coração de Deus (1 Samuel 13:14).

Imagino, neste momento, algumas pessoas questionando: "Tiago, Davi está nas Escrituras Sagradas, ele era diferente de mim e de você". Tenho que ser franco com você: é, mas não é! Explico.

Davi foi o homem escolhido por Deus para reinar sobre o povo de Israel, mas ele não deixou de ser humano e cometer erros. Apesar de ter sido muito zeloso dos princípios durante grande parte de sua vida, houve uma ocasião em especial na qual ele cometeu o erro de infringir um dos mandamentos, e só caiu em si porque ouviu um alerta.

Certa tarde, enquanto o exército estava em guerra, o rei permaneceu em Jerusalém e decidiu passear pelo terraço. Enquanto estava ali, viu uma mulher muito bonita no banho. Mesmo sabendo que ela era casada com um de seus soldados, Davi mandou que a levassem até ele e se deitou com ela. Como se não bastasse ter cobiçado e tomado a mulher do próximo, quando soube que a engravidara, o rei sentiu-se encurralado e cometeu um assassinato indireto. Ele mandou colocar o soldado na linha de frente da batalha, para que fosse morto em combate. Assim, Davi pôde se casar com a esposa do guerreiro.[13]

Logo em seguida, aconteceu a seguinte cena:

> O Senhor enviou a Davi o profeta Natã. Ao chegar, ele disse a Davi:
> — Dois homens viviam em uma cidade; um era rico, e o outro, pobre. O rico possuía muitíssimas ovelhas e bois, mas o pobre nada tinha, a não ser uma cordeirinha que havia comprado. Ele a criou, e ela cresceu com ele e com os seus filhos. Comia junto dele, bebia do seu copo e até dormia nos seus braços. Era como uma filha para ele.
> — Certo dia, um viajante chegou à casa do rico, e este não quis pegar uma das suas próprias ovelhas ou dos seus bois para preparar-lhe uma refeição. Em vez disso, tomou a cordeirinha que pertencia ao pobre e a preparou para o viajante.
> Então, Davi encheu-se de ira contra o homem e disse a Natã:
> — Tão certo como vive o Senhor, o homem que fez isso merece a morte! Deverá pagar quatro vezes o preço da cordeira, porque agiu sem misericórdia.
> — Você é esse homem! — Natã disse a Davi. — Assim diz o Senhor, o Deus de Israel: "Eu o ungi rei de Israel e o livrei das mãos de Saul. Dei a você a casa e as mulheres do seu senhor. Dei a você o povo de Israel e Judá. Se tudo isso não fosse suficiente, eu lhe teria dado mais ainda. Por que você desprezou a palavra do Senhor,

---

13 A história completa está registrada em 2 Samuel 11.

fazendo o que é mau aos olhos dele? Você matou Urias, o hitita, com a espada e tomou a mulher dele para ser a sua esposa. Você o matou com a espada dos amonitas". (2 Samuel 12:1-9)

O homem, segundo o coração de Deus, se deu conta do terrível erro que tinha cometido, o de ter infringido dois mandamentos, somente quando ouviu Natã.

Davi se arrependeu e chorou amargamente pelos pecados que cometeu, mas não saiu livre das consequências deles. A mulher com quem ele cometeu adultério perdeu o bebê (2 Samuel 12:18). Mais tarde, houve grande tribulação entre seus filhos.[14] Infringir os dois mandamentos custou caro ao rei.

Ouvir é essencial para ter sabedoria, para recobrar a percepção perdida da realidade e também para o desenvolvimento da fé: "A fé vem por ouvir a mensagem" (Romanos 10:17, NTLH).

Ela não vem pelo que você vê, mas pelo que você ouve. Logo, um dos principais itens para que tenhamos uma vida de paz e prosperidade aqui na terra, que é a *fé*, entra pelos ouvidos.

Seus ouvidos devem estar mais abertos do que a sua boca.

---

14 A Bíblia narra diversos problemas familiares de Davi. Amnon forçou a irmã a se deitar com ele, cometendo incesto (2 Samuel 13:12); Absalão, para vingar a irmã, mandou matar Amnon (2 Samuel 13:28). Absalão também liderou uma revolta contra seu pai para tomar o trono e se deitou com as concubinas dele (2 Samuel 16). Absalão acabou sendo morto contra a vontade de Davi (2 Samuel 18).

Assim, **nossos ouvidos são um canal espiritual**. Eu os considero a boca da nossa alma, ou seja, a porta de entrada dos alimentos emocionais e sentimentais. Entende isso?

QUEM VOCÊ DEVE OUVIR

Ao longo da minha vida, houve certos grupos de pessoas a quem ouvi e que sempre me deram bons conselhos. É claro que, para isso, foi preciso entender se elas queriam meu bem – o que, infelizmente, não é o caso de todos. Porém, via de regra, se você sentir que ama e é amado de volta, aconselho que sempre ouça:

1. Seus pais;
2. Seu cônjuge;
3. Um guia espiritual;
4. Alguém com riqueza financeira estabelecida;
5. Pessoas mais velhas e experientes.

Vou te explicar o porquê.

Seus pais têm (ou deveriam ter) amor e cuidado com você, por isso são bons conselheiros. Sei que nem todas as pessoas têm pais saudáveis, amorosos e acolhedores – para estes, geralmente Deus coloca outras pessoas no caminho para cumprir o papel que seus pais não cumpriram. Aqui, me refiro às pessoas que foram mães e pais para você.

Se seu cônjuge for uma pessoa honesta e carinhosa, e estiver com você há muitos anos, ele te conhece mais do que você mesmo e fala o que ninguém te falaria.

Um guia espiritual vê coisas que você não vê e percebe um mundo que talvez você ainda não domine. Eles costumam ter uma sensibilidade quanto ao futuro.

Uma pessoa com riqueza financeira entende o mundo de outra forma, já experimentou muito da vida e geralmente já sabe o que dá certo ou não quando se trata de projetos, principalmente empresariais – lembrando que nem todo rico sabe de tudo e conquistou de forma lícita suas riquezas. Por isso, tenha sabedoria e maturidade para escolher quem vai te orientar.

Ouvir é essencial para caminharmos nas florestas da nossa vida.

Saber a quem ouvir define a nossa alegria ou tristeza, nossa paz ou perturbação, nossa riqueza ou escassez. O que seria de mim se eu não tivesse escutado o meu pai durante a vida toda? Onde eu estaria se não desse ouvidos à minha mãe e à minha esposa?

Se estou escrevendo este livro hoje é porque escutei as pessoas certas (ainda que, é claro, também tenha ouvido algumas erradas). Por isso te digo: muitos de nossos resultados na vida são oriundos do conjunto de pessoas a quem demos ouvidos.

Você pode me dizer: "Tiago, não gosto de ouvir as pessoas, porque, no passado, fiz isso e não deu certo!". Não adianta transferir a culpa depois de errar. Após o pior acontecer, dizer que agiu "assim" porque Fulano falou ou "assado" porque Sicrano disse não muda a situação. Cada um é dono do próprio ouvido e responsável pelo próprio destino.

Você escuta pessoas,
mas quem decide seu destino é você!

Fui a Israel quase cinquenta vezes nos últimos vinte anos. Estudei o judaísmo de perto e me aproximei de grandes rabinos. Se você perguntar a um estudioso judeu qual é a instrução divina mais importante para seu povo, ele responderá: "o *Shemá*!".

Shemá significa "ouvir". E a oração judaica mais famosa é esta: "*Shemá Israel Adonai Eloheinu Adonai Ehad*", que significa "Ouve, Israel, o Senhor Deus é o único Deus".

Meu conselho como professor de vida é: de todos que você deve escutar, ouça aquele que já viu o seu futuro, aquele que escreveu seus dias. Isso se faz através da prática chamada oração!

Independentemente de crença ou religião, orar é ter um diálogo com o divino. Vejo como uma terapia completa e gratuita com quem nunca vai espalhar seus mais profundos segredos. E o melhor: quando você fala, ele encontra uma forma de te responder. E aí, cabe a você estar sensível para ouvir, entender e depois obedecer.

> "Se estiverem dispostos e me ouvirem, vocês comerão o melhor desta terra."
>
> ISAÍAS 1:19 (NAA)

Quer viver o melhor que esta terra pode te oferecer? Então ouça, acredite sem duvidar e faça o que precisa ser feito! Em resumo, não basta ouvir se você não quiser obedecer.

O que me trouxe até aqui foi escutar as pessoas certas, mas, acima de tudo, obedecer às instruções que elas me passaram. Eu ouvi, acreditei e coloquei em prática. E quando se trata de Deus, quando ele fala, eu ouço e obedeço imediatamente.

Os maiores movimentos da minha existência, que geraram mudanças extraordinárias e me mudaram de nível, foram resultados de escutar a voz divina e obedecer prontamente.

Minha mudança para os Estados Unidos em 2018, a venda de parte da minha empresa em 2021, a construção da nossa central de estúdios, a Terra Prometida. Tudo isso foi orientado por Deus através da Sabedoria Milenar (a Bíblia) e de sonhos, profetas, visões e conselhos de guias espirituais.

Eu ouvi e obedeci. Por isso estou aqui!

Quem ouve prospera e ponto-final.

OUVINDO A DEUS

A melhor forma de aprender a ouvir a Deus é estudar o livro que ele deixou para nós. Com este exercício, vamos praticar essa habilidade. Na próxima vez que estiver em dúvida sobre como agir, pegue sua Bíblia, um papel e um lápis. Procure e anote versículos e histórias bíblicas que apoiem a decisão que você deseja tomar. Você também pode pedir ajuda a uma liderança espiritual.

O caminho que você deseja seguir encontra respaldo bíblico? Se sim, siga em frente!

Caso não encontre, busque na própria Bíblia qual seria o caminho correto a ser percorrido. Uma vez que você tenha encontrado a resposta, é hora de obedecer!

> **A paz traz recompensas. Sempre vai trazer.**
>
> TIAGO BRUNET

CAPÍTULO 5

O princípio da paz: a lei espiritual que é um presente

"Façam todo o possível para viver em paz com todos."

ROMANOS 12:18

"Que perturbação!" Quantas vezes você já escutou essa exclamação? Imagino que você saiba que uma vida perturbada é o contrário do que prevê o princípio milenar da paz.

A promessa bíblica é termos a paz que excede todo entendimento, e não uma vida com angústias, medos e conflitos internos. Sabe o que é a paz "que excede todo entendimento"? É aquela que está acima da nossa compreensão. O cenário lá fora pode ser amedrontador, mas a paz, dentro de você, equilibra tudo. É como dormir em um barco enquanto uma tempestade castiga a embarcação. Paz e preocupação costumam ser inimigas.

Mais ainda, a paz está diretamente ligada à prosperidade. O rei Salomão prosperou mais que seu pai, o famoso rei Davi, porque "tinha paz em todas as fronteiras" (1 Reis 4:24). Afinal de contas, quem conseguiria empreender ou planejar um futuro estando perturbado ou aflito? Não precisamos ter a sabedoria de Salomão para saber que, sem tranquilidade, é impossível conquistar nossos objetivos.

Você já ficou uma noite inteira sem dormir e tendo sentimentos terríveis? Eu já. Vamos ser honestos: quem de nós nunca errou em uma tarefa rotineira porque a mente estava preocupada com uma tarefa maior? Ou tentou se concentrar em algo importante, mas os pensamentos estavam dominados por algum medo ou preocupação?

Se você respondeu sim para alguma dessas perguntas, sabe como a falta de paz atravanca o seu presente e também o seu futuro. Com a mente inquieta, você não apenas é incapaz de resolver o problemão que escurece o horizonte do amanhã, como também deixa sem solução o probleminha de hoje.

Um ser humano sem paz é alguém sem a estrutura necessária para realizar qualquer avanço.

A paz é uma moeda inegociável.

Todo mundo enfrenta desafios durante a peregrinação terrena. Algumas pessoas que passaram por nossa vida literalmente nos traumatizaram. Vivenciamos momentos que nos sufocaram. E tudo isso rouba algo muito precioso para nossa existência: a paz.

Nossa jornada não é fácil mesmo. Logo que nascemos, precisamos respirar sozinhos, depois aprendemos a nos alimentar, andar, falar, escrever. Com o decorrer do tempo, as adversidades mudam, mas nunca deixam de existir.

Na vida adulta, espera-se que uma pessoa já saiba cuidar de si em todas as dimensões da vida: trabalho, estudo, família e relacionamentos, emoções, espiritualidade. Mas é isso que acontece com todos? Todos aprendem a se cuidar e a se proteger?

Não é fácil conciliar tantas demandas, pois algumas delas são muito complexas. É provável que duas das tarefas mais difíceis de cumprir sejam buscar a paz e mantê-la firmemente. **A paz não está à venda nas prateleiras do mercado; ela é uma conquista diária.**

Há duas maneiras, contudo, de tentar alcançar a paz que são antagônicas: a do senso comum e a dos princípios milenares.

Durante nosso crescimento, ouvimos argumentos e frases prontas como "Bateu, levou"; "Não levo desaforo para casa"; "Foi ele que começou"; "Pode vir quente que eu estou fervendo" – todas essas frases são exemplos do senso comum. Esse tipo de pensamento é guiado pelo achismo, pelas emoções, pelo orgulho ferido. O que as pessoas fazem e pensam te leva a acreditar que, se não reagir nem responder "à altura", você é bobo, frouxo e fraco.

Pode-se compreender, então, que o pensamento do senso comum geralmente visa manter a reputação. Contudo, a reputação não conduz à paz nem a mantém. Somente os princípios nos guiam a ela.

Talvez você conheça a história da minha falência financeira. Do início dos anos 2000 até a década de 2010, eu tive uma empresa de turismo especializada no segmento religioso. Por vários anos, levei peregrinos de todas as religiões do Brasil para a Terra Santa e também para alguns países da Europa e do Oriente Médio. As viagens foram incríveis, repletas de conhecimento e fé. Entretanto, em 2014, tudo acabou, pois quebrei financeira e emocionalmente. Fiquei afundado em dívidas.

Jeanine, as crianças e eu passamos por momentos de muita escassez, repletos de cobranças e medo. Eu vivia sob ameaças: acordava e me deitava para dormir com pessoas ligando para o telefone da minha casa para me xingar. Consegue imaginar essa situação? Se não, saiba que é aterrorizante.

Em meio ao caos que minha vida tinha se tornado, Deus me permitiu aprender sobre a busca pela paz. Para exemplificar, vou contar duas situações daquele tempo de muita dor e choro. A primeira é de um homem que prestou um serviço de consultoria para a minha agência. O serviço foi prestado conforme o combinado e surtiu o efeito desejado, ou seja, deu tudo certo. Tempos depois, porém, esse homem me processou. Ele moveu uma ação judicial contra mim alegando que era meu funcionário e que tinha o direito de receber uma fortuna por supostos direitos trabalhistas. Levei um susto. Ele nunca tinha sido meu funcionário, foi um serviço pontual. Era tudo mentira.

Como alguém tem coragem de agir dessa maneira? Parecia um pesadelo. Sentir-se injustiçado é uma experiência difícil de se lidar.

Colocado contra a parede, tive que contratar um advogado, que preparou a defesa. Tínhamos tantas provas a nosso favor que ele me disse que seria possível revidar e entrar com um processo contra aquele homem, pois ele não era vítima, mas o vilão. Contudo, escolhi não fazer isso. Aquela era uma briga na qual eu não queria entrar.

A segunda situação está relacionada a uma pessoa que trabalhou na agência e tinha minha total confiança. Esse, sim, era funcionário e, inclusive, ocupava um cargo estratégico. Ele tinha acesso, por exemplo, aos dados das negociações, dos clientes e dos fornecedores. Ele sabia de tudo mesmo. Como eu já disse, confiava plenamente nele – e esse foi o meu erro.

Nos meses anteriores à falência da minha empresa, ele começou a estruturar a própria agência, que, acredite, seria nossa concorrente. Jamais passou pela minha mente que, agindo às escondidas, esse funcionário desviava dinheiro do caixa do meu negócio e ainda entrava em contato com nossos clientes para lhes oferecer pacotes de viagem da nova empresa dele. Tempos depois, eu quebrei, e ele estava a todo vapor com seu novo negócio, levando caravanas para Israel.

Eu tinha tudo para processá-lo. Tinha o direito até mesmo de entrar com uma ação criminal que poderia colocá-lo na prisão. Eu poderia falar mal dele para todas as pessoas que o conheciam. Rapidamente poderia destruir a reputação dele ou, pelo menos, causar um estrago considerável. Contudo, novamente, decidi não entrar naquela guerra.

Minha atitude de não judicializar essas situações amenizaria meu prejuízo? Não. Eu sabia o que aconteceria com eles? Não, não tinha a menor ideia. Decidi, porém, acreditar na palavra registrada no Livro da Sabedoria Milenar: "Amados, nunca procurem vingar-se, mas deixem com Deus a ira, pois está escrito: 'Minha é a vingança; eu retribuirei', diz o Senhor" (Romanos 12:19). Está escrito!

Lembro-me até hoje de ouvir um amigo me dizer: "Tiago, você tem que ir à polícia e denunciar esse cara. O que ele fez é crime. Ele prejudicou você! Você vai fazer papel de otário se deixar isso como está". A fala desse meu amigo reflete exatamente o que eu apresentei como pensamento do senso comum, o zelo pela reputação.

> Você já enfrentou uma situação semelhante às que citei? Como você a resolveu? Você buscou conciliação, optou pela justiça terrena ou abriu mão "dos seus direitos"? Quais frutos você colheu dessa resolução?
> _____
> _____
> _____
> _____
> _____

É importante enfatizar que não quero persuadir você a não recorrer à justiça humana quando tiver seus direitos feridos; também não estou tentando impedir você de lutar para que culpados sejam punidos. Estou somente contando que, nessas duas situações, eu decidi buscar a paz.

E fiz isso para mim, *por* mim, porque **a paz não é um sentimento: é o estado em que você fica quando toma decisões alinhadas ao seu propósito e aos seus princípios**.

Eu não queria viver os problemas que uma luta judicial me traria, por mais que, nessas situações, eu tivesse sido a vítima. O advogado falou que poderia demorar três anos até a situação ser resolvida, o que compreendi ser muito tempo. Preferi encerrar o assunto mesmo que significasse sair no prejuízo. Preferi semear a paz e colher, lá na frente, as recompensas proporcionadas por ela.

> Quem planta a paz atrai boas recompensas para sua vida.

Um pouco mais adiante, vou abordar o tema da semeadura da paz e contar o que aconteceu mais para a frente com esse ex-funcionário que traiu minha confiança.

TRÊS VERDADES

Paulo de Tarso deixou uma instrução preciosa que, para muitos, é difícil seguir. Ela está registrada no Livro da Sabedoria Eterna, na Carta aos Romanos: "Não se deixem vencer pelo mal, mas vençam o mal com o bem" (Romanos 12:21). E, como buscar a paz é praticar o bem, isso significa não "reagir à altura" contra pessoas. **Não pague o mal com o mal. Vença o mal com o bem.**

"Mas e eu?", você pode estar perguntando. "Fui prejudicado e ainda vou sair 'por baixo'?" Os conselhos que dou aqui não têm como objetivo aumentar o seu sofrimento ou transformar você em alguém passivo. A realidade é que sua dor não pode ser resolvida com uma "resposta à altura". Isso porque, ao retribuir o mal com o mal, você mesmo se transforma em alguém mau. No início, você apenas foi ferido, mas, ao se vingar, você se torna alguém que também fere. Preste atenção nisto: a paz se afasta de quem pratica o mal.

Além disso, responder ao mal com o bem é o oposto da passividade, pois significa que, apesar do dano que alguém te causou, você não permite que essa dor molde suas ações. Ou seja, não é o *outro* que define quem você é, mas os seus *princípios*. Uma verdade que precisa estar fixada na sua mente é que, a despeito das ações de terceiros, está nas suas mãos permitir que a maldade deles alcance seu coração. Ao entender isso, você será capaz de desenvolver emoções *antifrágeis*.

A resposta que você dá às crises é responsabilidade sua. Não adianta apontar o dedo para quem te prejudicou, para os seus pais, que te criaram desse ou daquele jeito, para as circunstâncias que fugiram do seu controle. Não quero dizer que essas coisas não têm importância, mas que elas não têm o poder de definir seu futuro. Mesmo no sofrimento, ainda temos escolha. Aliás, guarde esta verdade: **Quem não aprende algo valioso nos momentos mais difíceis sofreu à toa.**

Isso nos leva à terceira verdade deste tópico. No processo de falência da minha empresa, aprendi que todos querem viver em paz, mas poucos são pacificadores. Ninguém está disposto a sofrer um dano, ainda que temporário, para obter a paz. E, guiados pelo senso comum, muitos amigos dão conselhos vingativos que, no longo prazo, não trarão bons frutos. Tudo isso mostra a importância das nossas decisões: que conselho vou seguir? Como vou reagir? Que tipo de resolução vou buscar?

Apesar de ter quebrado financeiramente em 2014, eu consegui me recuperar e alçar novos voos. Isso só foi possível porque optei por "sair por baixo". Em vez de remoer machucados e afagar o meu ego ferido, segui em frente e em paz. Não permiti que o meu interior fosse moldado pela maldade dos outros.

> **Não deixe ninguém roubar a sua paz.**
>
> TIAGO BRUNET

COMO OBTER A PAZ?

O segredo para ter o que se deseja é *semear*: "[...] em tudo, por meio da oração e da súplica, e com ação de graças, apresentem seus pedidos a Deus. Então, a paz de Deus, que excede todo o entendimento, guardará o coração e a mente de vocês em Cristo Jesus" (Filipenses 4:6,7). Oração e gratidão são semeaduras. Uma vez plantadas, geram a paz.

Para que sua vida terrena seja mais leve e menos problemática, buscar a paz em todo tempo é um princípio irrefutável. "Mas como posso fazer isso se as minhas emoções clamam pelo contrário? Como posso ser semeador da paz se o mundo em que vivemos está em guerra?". Perguntas como essas podem estar permeando seu pensamento enquanto você lê. Precisamos, então, definir um conceito:

> A paz é um presente deixado por Jesus para nós.

Veja o que diz o texto bíblico do evangelho de João 14:27: "Deixo com vocês a paz; a minha paz dou a vocês. Não a dou como o mundo a dá. Não se perturbe o coração de vocês nem tenham medo". **A paz é um presente que você já ganhou, basta colocá-la em prática.**

Quando eu era criança e morava no subúrbio do Rio de Janeiro, onde fui criado, as brincadeiras de rua eram diárias. Jogo de botão, bolinha de gude, pipa, taco, futebol na rua com chinelos no lugar das traves e até arremesso de dardos ao alvo. Digo "até" porque era um brinquedo caro para nossa realidade, mas tivemos essa oportunidade.

O objetivo deste último jogo era acertar o dardo no centro do alvo. Para conseguir, era necessário ter concentração, prática e firmeza nas mãos. Às vezes, eu não acertava o centro, que era pintado de vermelho, mas o dardo cravava na parte amarela, que era a seguinte em pontuação.

É desse modo que temos que lidar com a paz em nossa vida também: nos concentrarmos nela, praticá-la sempre e ter firmeza para cumpri-la. Às vezes, não vamos acertar no centro da paz, mas, pelo menos, chegaremos perto. O que é realmente importante é que ela seja um alvo diário para nossa vida terrena.

Não tenho orgulho de muitas coisas que vivi no meu passado, mas existe algo que posso contar com alegria: sempre persegui a paz. Já briguei com pessoas que amava? Sim. Já errei provocando a ira de alguém? Claro que já. Mas esses comportamentos infantis foram casos isolados. No meu coração, eu queria estar em paz com todos.

Cumprir esse princípio formou a base de lançamento para o que faço hoje. Se eu estivesse em pé de guerra, jamais teria construído o que Deus me permitiu construir até aqui.

> Cite pelo menos uma ocasião em que você brigou ou provocou a ira de alguém e o resultado dessa ação. Anote, também, uma situação em que você buscou a paz e a consequência que teve. Analise as duas respostas e observe qual foi mais proveitosa.
>
> _____
> _____
> _____
> _____
> _____
> _____
> _____
> _____
> _____
> _____
> _____

DOIS TIPOS DE LUTA

Considero que, na vida terrena, há dois tipos de luta: as que provocamos e as que Deus nos envia.

As lutas destinadas por Deus não roubam a nossa paz. Na verdade, elas nos promovem a novos níveis e sempre saímos vencedores delas. Há dois exemplos no Livro da Sabedoria Milenar que provam exatamente meu ponto de vista. Trata-se de duas lutas que, aos olhos humanos, eram impossíveis de serem superadas.

Uma dessas situações é similar às cenas de filmes para adolescentes de algumas décadas atrás em que o vilão, o fortão da escola, chama o mocinho, um rapaz tímido e fraco, para uma briga depois da aula. O mocinho, acuado, se vê na obrigação de aceitar. Nesse momento, o melhor amigo do mocinho o aconselha: "É melhor você desistir. Ele vai acabar com você!". Imaginou a cena?

A primeira história está registrada no livro de Gênesis, no capítulo 32, a partir do versículo 22, e nos conta que Jacó, um dos patriarcas judeus, lutou com um homem que, na verdade, era Deus. Alguns estudiosos afirmam que a luta teria sido com um anjo, mas as Escrituras Sagradas deixam claro quem era o tal homem no trecho do versículo 24 ao 28:

> Então, Jacó ficou sozinho, e um homem lutou com ele até o amanhecer. Quando o homem viu que não podia vencer Jacó, tocou-lhe na articulação da coxa, de forma que a deslocou enquanto lutavam. Então, o homem disse:
> — Deixe-me ir, pois vem o amanhecer.
> Jacó, porém, respondeu:
> — Não te deixarei ir, a não ser que me abençoes.
> O homem lhe perguntou:
> — Qual é o seu nome?
> — Jacó — respondeu ele.
> Então, o homem disse:
> — O seu nome não será mais Jacó, mas sim Israel, porque você lutou com Deus e com homens e venceu.

De acordo com o relato bíblico, o homem trocou o nome de Jacó para Israel. Um anjo não teria poder para fazer isso. E o tal homem também falou: "Você lutou com Deus". Além disso, a narrativa não termina no versículo 28. Observe o que diz o versículo 30, reforçando a certeza de que ali estava Deus: "Jacó deu àquele lugar o nome de Peniel, pois disse: 'Vi Deus face a face; todavia, a minha vida foi poupada'". Nossa forma de entender o mundo não é capaz de compreender como aquele homem pôde realizar tal feito. É impossível um ser humano vencer Deus, que é o Criador de todas as coisas, inclusive da humanidade!

A segunda narrativa que vou contar lembra mais os filmes de intriga política, quando um homem mal-intencionado influencia o rei para tomar uma decisão que prejudica muitos, mas beneficia a ele próprio. É a história de Ester, contada no livro de mesmo nome no Antigo Testamento.

Tudo começa quando o rei Xerxes, da Pérsia, fica enraivecido porque sua esposa se recusou a obedecê-lo e resolve destituí-la do posto de rainha. Então, os servos do rei saem à procura de virgens bonitas que pudessem ser a nova consorte. É nesse contexto que Ester, uma israelita, é levada até o palácio. Entre muitas candidatas, ela é escolhida por Xerxes para se tornar sua nova rainha. Contudo, nessa época, o povo israelita era dominado pelos persas, razão pela qual a jovem oculta a sua origem.

Buscando vingança por uma desavença pessoal, Hamã, um dos homens mais importantes do império, convence o rei de que o povo judeu era perigoso e que deveria ser perseguido e morto. Sob essa influência, o rei emite um decreto com ordens de que todo judeu fosse destruído em uma determinada data, e os bens da vítima passariam a pertencer ao agressor.

Imagine a situação! Ester, a rainha, ela própria judia, descobrindo que todo o seu povo seria exterminado! Ela estava em completa desvantagem. Ester só era rainha porque Xerxes havia se livrado da rainha anterior (o que facilmente poderia acontecer com ela); a sua origem era um segredo para todos; ela só poderia se apresentar ao rei se ele tivesse solicitado; e, para completar, um decreto real nunca podia ser desfeito. A situação parecia sem saída, uma luta impossível de vencer. Um passo em falso e Ester poderia ser destituída, ou até mesmo morta.

Contudo, com estratégia e inteligência, a situação pôde ser contornada. A rainha jejuou e orou por três dias, tendo pedido ao povo que fizesse o mesmo. Então, depois de se preparar, Ester corajosamente se coloca diante do rei mesmo sem ser chamada, e é aceita por ele. Por dois dias, ela oferece um banquete a Xerxes e a Hamã. Na segunda noite, faz seu pedido: que ela e seu povo fossem poupados. Em uma sucessão surpreendente de acontecimentos, Hamã é desmascarado e morto. Como o rei não poderia voltar atrás em sua palavra, ele emite um decreto, dando aos judeus o direito de se defenderem quando atacados. O povo foi salvo!

Essas duas batalhas foram enviadas por Deus. A primeira serviu para Jacó, entre tantas interpretações possíveis, deixar claro que sua fé estava em Deus e que ele acreditava tanto nisso a ponto de ser capaz de lutar para ser abençoado pelo Todo-Poderoso. A vitória nessa luta fez com que o filho de Isaque deixasse de ser apenas um homem, Jacó, e se tornasse uma nação, Israel.

Por meio de Ester, uma verdadeira tragédia foi evitada. Em vez de destituição ou morte, ela se tornou influente e pôde salvar a si e ao seu povo. Apesar da desvantagem inicial, sua luta contra Hamã apenas a fortaleceu.

As batalhas que Deus envia
servem para nos promover e
nunca roubam nossa paz!

O outro tipo de luta que estamos sujeitos a enfrentar apenas nos rouba a paz, a saúde e o tempo. Podem ser as situações cotidianas mais simples, como discussões motivadas por uma toalha molhada em cima da cama, até as mais complexas, como a traição da confiança de alguém muito próximo. **Cada uma das batalhas que nós mesmos provocamos somente nos tira do foco de buscar e manter a paz.**

É difícil buscar e manter a paz? Sim. É impossível? Não.

No fundo, é sua mentalidade que determinará seu sucesso nessa busca e manutenção. Posso afirmar que, quando entendemos que a paz é um presente de Jesus e que, por isso, ela nos pertence, fica mais simples compreender que as pessoas não vão tirá-la de nós a menos que concordemos. E por que concordaríamos se estamos cientes das vantagens tão grandiosas de mantê-la?

A paz traz muitos benefícios para a sua vida. Imagine que você está dirigindo pela sua cidade com o GPS ligado. O aplicativo informa que logo adiante há um grande congestionamento e propõe a você uma rota alternativa. Você muda de direção, contorna o engarrafamento e chega ao seu destino.

Nessa ilustração, o trânsito parado representa tudo que a falta de paz pode provocar (dependendo da cidade na qual você reside, entenderá perfeitamente o que digo). Se parar no engarrafamento, vai perder seu tempo, vai chegar atrasado ao destino e pode até se irritar com isso. O caminho alternativo, por sua vez, vai livrá-lo de todos esses aborrecimentos. Escapar do problema, portanto, resulta em ter paz.

Menos problemas,
mais paz!

Anos atrás, quando eu e minha família morávamos nos Estados Unidos, recebi um convite para ir à casa de um amigo. Ele estava fazendo um almoço e queria conversar. Lembro-me de que, quando chegamos lá, brinquei com o cardápio: "Então, vamos fazer um churrasco americano?" (hambúrguer e salsicha na brasa).

Aquele encontro informal, porém, reservava uma grande surpresa. Durante o papo, olhei o Instagram e vi que havia chegado uma mensagem daquele ex-funcionário que me roubara. Nessa mensagem, ele pedia perdão e explicava como a vida dele tinha saído dos trilhos, a ponto de perder a família e a dignidade. Decidi responder, dei uma palavra de esperança para ele e fiquei contente em ter mantido o princípio bíblico de não revidar o mal com o mal, de dar de comer ao inimigo e de manter a paz com todos.

Veja só: ele estava numa situação péssima, sofrendo e com a família em pedaços. Eu estava morando com minha família nos Estados Unidos, na casa dos nossos sonhos. Naquela época, Deus estava me levantando, eu já era conhecido e meus resultados só cresciam. Estava escrevendo o livro *Especialista em pessoas* e tinha voltado a levar caravanas para Israel. Só que agora eu não era o prestador de serviço que organizava a viagem, negociava as hospedagens e planejava o roteiro. Eu era o líder das expedições. As pessoas iam para Israel para estudar comigo sobre inteligência e espiritualidade. Eu estava levando mais pessoas à Terra Santa e faturando muito mais do que nos tempos da minha antiga agência.

A paz traz recompensas. Se eu tivesse reagido lá atrás, se o tivesse denunciado, talvez ele teria me culpado por sua derrocada. Um dos problemas graves do ser humano é buscar justificativas para as situações que enfrenta e tentar colocar a culpa nos outros.

> Se você não imaginar o futuro,
> não conseguirá dominar
> as emoções do presente.

Preferi deixar de lado "a minha razão e os meus direitos" e semear a paz. No entanto, não estou dizendo que foi emocionalmente tranquilo ou fácil. A batalha das nossas emoções contra os princípios (razão) é enorme, mas ser um pacificador sempre será uma escolha. E você tem que optar por ela.

Hoje sou muito requisitado por amigos e colegas empreendedores para resolver conflitos interpessoais. Crise entre sócios, briga de marido e mulher, escândalos entre familiares e por aí vai. Já resolvi de tudo!

Eles me chamam por três motivos: porque têm confiança absoluta em mim; por causa da minha sabedoria e habilidade para solucionar o caso; e porque sou pacificador.

Confiança porque não importa o tema que será tratado ou a gravidade do assunto, tudo ficará ali. Jamais será compartilhado com terceiros. Sabedoria e habilidade porque minha experiência me levou a solucionar problemas. E sempre resolvemos de forma pacífica. Por isso, o pacificador!

Quem busca a paz se posiciona. O *promoter* do caos jamais fica no lado certo da história. Como nos ensina Salmos 34:14: "Afaste-se do mal e faça o bem; busque a paz com perseverança".

Anos atrás, um líder religioso renomado e reconhecido no país (talvez um dos maiores nomes do segmento nas últimas décadas) me atacou duramente em um vídeo na internet. O ódio destilado foi tão grande que o vídeo rapidamente bateu a marca de 1 milhão de *views*. Meu telefone não parava de tocar: "Tiago, o que você vai fazer?". Um amigo esbravejou: "Vou te indicar um bom advogado!".

Aprendi muito com essa história. O líder que estava me atacando já tinha desagradado pessoas relevantes. Quando o caso se espalhou, um outro grande líder, que não gostava da pessoa que me atacou, me escreveu um e-mail: "Vamos pra cima dele, conte comigo!".

Há um velho ditado, que alguns dizem ser de origem árabe, que ensina: "O inimigo do meu inimigo é meu amigo". A frase resume a ideia de que podemos somar forças contra um inimigo em comum. Mas a Sabedoria Milenar aponta outra direção.

A todos, eu respondi com uma frase de Lucas 9:55: "Vocês não sabem de que espécie de espírito são".

A frase é de Jesus. Certa vez, seus discípulos Tiago e João ficaram irritados porque os samaritanos haviam se recusado a receber o Mestre. Diante da negativa, os dois pediram permissão para "descer fogo do céu" e matar todo mundo. Então, Jesus disse tal frase e explicou que não estava na terra para destruir a vida de ninguém, e sim para salvar as pessoas.

Não deixei a raiva dos outros me contaminar. Ela roubaria minha paz. Não fiquei apenas no discurso bonito. Decidi dar mais um passo para resolver esse problema. Dias depois da repercussão na internet, peguei um avião e fui até a cidade desse líder. Entrei em contato com a equipe dele, pedi uma reunião e, frente a frente, com amor e respeito nas palavras, pedi que ele me explicasse onde eu estava errando. Eu queria saber o que tinha feito para motivar aquele ataque e, se fosse o caso, estava pronto para corrigir minhas ações.

Ele se surpreendeu com minha atitude e, em dez minutos de conversa, estávamos rindo de outras coisas. Ele viu que eu era de verdade, que tudo não passara de um mal-entendido, e selamos a paz. Esse grande líder, que outrora foi algoz, é até hoje alguém que me defende e testemunha a meu respeito quando fala sobre manter a paz com os outros. Ganhei um aliado.

Aprendi ao longo da vida que **não importa quantos amigos você tem, mas quantos inimigos você fez**. A vitória nesta peregrinação depende dos caminhos que você escolhe. Eu escolhi o caminho dos princípios milenares. E, em especial, o da paz.

Grandes imperadores da Antiguidade terminaram em ruínas porque abriram mão da paz para tentar conquistar o território dos outros. Jesus poderia ter sido um deles, mas preferiu a paz.

MEDITAÇÃO E ORAÇÃO

O Livro Sagrado nos aconselha sobre como lidar com as circunstâncias que nos afastam da paz que excede todo entendimento. Para que essa lição fique marcada no seu coração para sempre, vou deixar sugestões e trechos das Escrituras para você meditar.

Para isso, reserve pelo menos uma hora do seu dia e um local silencioso, calmo e tranquilo. Talvez até mesmo antes de dormir. Se preferir, você pode repetir esses trechos em voz alta, para ouvi-los e absorvê-los. Senão, pode lê-los e, depois, orar. Outra opção é fazer uma meditação por dia.

Você sentirá a diferença! E pode sempre repetir o exercício quando tiver que enfrentar uma batalha.

- **Seja perseverante na busca pela paz:** "Afaste-se do mal e faça o bem; busque a paz com perseverança" (Salmos 34:14).
- **Não abra mão da paz, pois seu futuro depende disso:** "Considere o íntegro, observe o justo; há futuro para o homem de paz" (Salmos 37:37).
- **A alegria é uma promessa:** "O engano está no coração dos que tramam o mal, mas os que aconselham a paz têm alegria" (Provérbios 12:20).
- **Aja pelo que está escrito, não pelos seus sentimentos:** "Se possível, naquilo que depender de vocês, vivam em paz com todos os homens" (Romanos 12:18).

- **Tenha ânimo, apesar das aflições:** "Eu disse isso para que em mim vocês tenham paz. Neste mundo, vocês terão aflições; contudo, tenham coragem! Eu venci o mundo" (João 16:33).
- **A paz divina guarda corações e mentes:** "Então, a paz de Deus, que excede todo o entendimento, guardará o coração e os pensamentos de vocês em Cristo Jesus" (Filipenses 4:7).
- **A paz divina afasta o medo e as perturbações:** "Deixo com vocês a paz; a minha paz dou a vocês. Não a dou como o mundo a dá. Não se perturbe o coração de vocês nem tenham medo" (Jesus de Nazaré, em João 14:27).
- **A paz é uma expressão da mentalidade do Espírito:** "A aspiração da carne conduz à morte, mas a do Espírito conduz à vida e à paz" (Romanos 8:6).
- **Quem busca manter a paz é chamado de filho de Deus:** "Bem-aventurados os pacificadores, pois serão chamados filhos de Deus" (Jesus de Nazaré, em Mateus 5:9).
- **A paz divina funciona como um juiz:** "A paz de Cristo deve ser o juiz no coração de vocês, visto que foram chamados para viver em paz [...]" (Colossenses 3:15).
- **Devemos nos esforçar para buscar a paz:** "Por isso, esforcemo-nos em buscar tudo quanto conduz à paz e à edificação mútua" (Romanos 14:19).

> Só a disciplina é capaz de acelerar o amadurecimento e o surgimento de resultados positivos.

TIAGO BRUNET

CAPÍTULO 6

O princípio da disciplina: a lei espiritual do crescimento

"O caminho para a vida é daquele que guarda a disciplina, mas o que abandona a repreensão erra."

PROVÉRBIOS 10:17-18, ARA

O ano era 2017, e eu comecei a ter alguns pequenos resultados após quatro anos fazendo a mesma coisa: escrevendo livros e treinando pessoas. Foi então que, ao final de um evento bem-sucedido na cidade de Belo Horizonte, resolvi postar em meu Instagram uma foto dessa palestra. A imagem era significativa: uma multidão estava me olhando, e eu, com o dedo em riste, mirava o infinito. Era uma "foto de poder", que exalava o sucesso do evento. *Linda foto*, pensei.

Só que, quando publiquei a imagem na rede social, tive uma grande surpresa: pela primeira vez, uma foto minha tinha conquistado mil curtidas. Para quem estava havia quatro anos batalhando por espaço nas redes, aquele era um marco e tanto. Eu estava em festa. *Que bom! Até que enfim as coisas começaram a acontecer*, pensei comigo mesmo. E, no meio dessa euforia, meu telefone tocou. Era meu pai.

— Oi, pai, "bênça"!

— Deus te abençoe — disse ele. E disparou logo depois: — Meu filho, me responda uma coisa: você é artista ou algo do tipo?

Eu, sorrindo, respondi:

— Não, sou um mensageiro de Boas Notícias, pai.

Ele retrucou:

— Então, que tipo de foto é essa que você acaba de postar? Me dá a impressão de que você quer aparecer.

Comecei a ficar nervoso. Afinal de contas, aquela tinha sido uma grande conquista para mim, e meu pai não estava celebrando. Pelo contrário, estava chamando a minha atenção. Comecei a argumentar em pensamentos: *Mas o que meu pai entende de internet para falar do meu post?*

É impressionante como nossa mente demora a assimilar o poder da repreensão, a grandeza de ser disciplinado. É como se nosso mecanismo de fuga, acionado em situações de "vida ou morte", fosse disparado. A gente logo quer se defender.

Como seres emocionais, deixamos nossos sentimentos, em vez da razão, tomar decisões. Por fim, depois de resistir e lutar contra mim mesmo, apaguei o post. Foi então que meu "velhinho" me ensinou algo poderoso:

— Tiago, se você quiser crescer e crescer, e ainda assim não sentir o peso gigantesco do seu novo tamanho, terá que evitar chamar a atenção por pura vaidade. Se você me diz que é apenas um mensageiro, então a mensagem deve ser mais importante que você.

Perceba que, apesar da chateação que senti na hora, depois entendi que a repreensão do meu pai ajudou a minha vida. Não à toa, a Carta aos Hebreus nos ensina sobre disciplina:

> Vocês se esqueceram da palavra de ânimo que ele dirige a vocês como a filhos: "Meu filho, não despreze a disciplina do Senhor nem se magoe com a sua repreensão, pois o Senhor disciplina a quem ama e castiga todo aquele a quem aceita como filho". Perseverem na disciplina; Deus os trata como filhos. Ora, que filho não é disciplinado pelo pai? Todavia, se vocês ficarem sem disciplina, da qual todos se tornaram participantes, então vocês são bastardos, não filhos. Além disso, tínhamos pais humanos que nos disciplinavam, e nós os respeitávamos. Quanto mais devemos submeter-nos ao Pai espiritual, para assim vivermos! Os nossos pais nos disciplinavam por curto período, segundo lhes parecia melhor; Deus, porém, nos disciplina para o nosso bem, para que participemos da sua santidade. Nenhuma disciplina parece motivo de alegria no momento em que é recebida, mas sim motivo de tristeza. Mais tarde, no entanto, produz fruto de justiça e paz para aqueles que por ela foram exercitados.
> (Hebreus 12:5-11)

Todo mundo gosta de ser elogiado. Todos querem receber "tapinhas nas costas", congratulação e reconhecimento por suas ações e ideias, pois nosso ego aprecia validações vindas de nossos semelhantes. Contudo, poucas são as pessoas que aceitam ser repreendidas. Afinal, é um tanto desconfortável ter alguém que chame a sua atenção e diga que alguma atitude sua está errada.

Ser confrontado é uma dificuldade para a maioria dos seres humanos; quase ninguém gosta de ouvir palavras de exortação. Quando feita pela pessoa certa, porém, a repreensão é uma dádiva. O Livro Milenar enfatiza que a disciplina é o caminho para a sabedoria: "Discipline seu filho, pois nisso há esperança; não deseje causar a morte dele" (Provérbios 19:18). Esse pequeno trecho sobre a repreensão é apenas um entre diversos exemplos disponíveis. Ele descreve a relação entre pais e filhos, mas pode ser aplicado a outros vínculos sociais, pois se trata de um princípio.

AS DUAS FACES DA DISCIPLINA

No Livro da Sabedoria Milenar, encontramos a palavra "disciplina" como sinônimo de "repreensão". Essa informação interessante nos leva a entender esse princípio de duas formas. Na primeira delas, disciplina está relacionada à performance e pode significar a forma como executamos algo, a rotina, o ato de fazer o que tem que ser feito. Por exemplo, uma pessoa que deseja passar no vestibular precisa estudar de maneira disciplinada todo dia, diversas horas por dia. Do mesmo modo, um atleta que deseja alcançar o nível olímpico precisa treinar muitas horas diariamente. Na segunda forma, a disciplina está mais ligada à repreensão, chamar a atenção, fazer entender ou aprender algo.

Neste capítulo, mostrarei como o princípio da disciplina fará com que você tenha uma vida mais leve aqui na terra. Pode parecer contraditório, afinal, como a repreensão pode ser agradável? Contudo, apenas o fato de existir alguém para chamar a sua atenção e dizer o quanto você está errado é capaz de gerar leveza. Essa é a realidade. **A repreensão de hoje ajuda a criar os dias agradáveis de amanhã.**

Também é verdadeiro dizer que a disciplina relacionada à rotina e à performance facilita (e muito) sua peregrinação terrena. Grandes mentes da humanidade já disseram que todo gênio que mudou algo no mundo teve uma mãe muito rígida; alguns até mesmo chegaram a nomeá-la "chata". A observação contida nesse modo de pensar traz uma lição: a genialidade deles somente se tornou plena, ou seja, eles só fizeram o que fizeram e foram capazes de alcançar seus objetivos durante a vida porque foram repreendidos e cobrados.

Anote esta fórmula de desenvolvimento: **quanto mais disciplina, mais crescimento**. Quanto mais você for desafiado a se corrigir, mais se aperfeiçoará e melhor se tornará. Assim, a correção está diretamente ligada aos resultados positivos que você quer conquistar.

Toda pessoa malsucedida é um
hater da repreensão.

Ao falar do primeiro conceito de disciplina, no sentido da conduta assumida para alcançar determinado nível de performance, encontramos a necessidade de também estudar a palavra "rotina" – que, para muitos, chega a ser assustadora. Isso acontece porque alguns padrões comportamentais, que estão enraizados no imaginário da nossa sociedade, tomam conta da nossa mente.

O primeiro padrão é o que faz a palavra nos lembrar de agenda, horários e atividades que nem sempre nos causam bem-estar imediato. É o mesmo caso das palavras estudo, trabalho, atividades físicas, entre outros. O segundo padrão é a ideia de que a rotina é uma fonte de problemas. Por exemplo, quando um casal está passando por momentos ruins, alguém logo aconselha a "fazer algo diferente para fugir da rotina". Isso sugere que a quebra das atividades cotidianas é a medicação adequada para os que enfrentam uma crise no relacionamento. **A rotina, na verdade, é uma criação divina para gerar resultados positivos.**

Você pode questionar: "Como assim, Tiago?". É verdade! Imagine, por alguns segundos, o que aconteceria se o seu intestino tivesse vontade própria e decidisse funcionar de forma não habitual, ou ainda que se recusasse a funcionar por vinte dias consecutivos. Seria terrível! Se a falta de rotina do intestino causaria desconforto ao seu dia a dia, o problema poderia ser ainda maior caso o coração fizesse o mesmo, não é?

Eu vivi essa adversidade. Eu praticava atividade física havia algum tempo e, com acompanhamento médico, também tomava suplementos para melhorar a minha performance. Tudo estava bem até que, em 5 de outubro de 2022, levei um grande susto.

Depois de uma atividade cotidiana, senti o meu coração disparar. OK. Isso pode acontecer. É comum, ainda mais quando estamos no pico de atividades cardiovasculares. Só que o tempo foi passando, e o ritmo das batidas não voltou ao normal. Eu já tinha parado de fazer exercícios havia trinta minutos, estava em repouso e o coração continuava acelerado. Aquela voz que nos diz que "algo está estranho" foi aumentando. Então, uma hora depois, dei entrada no Hospital Albert Einstein, em São Paulo, bastante preocupado.

Por mais que eu saiba que a eternidade me espera e que o Reino dos Céus é o meu lugar de destino, tenho quatro filhos pequenos, uma esposa que amo e muita vontade de estar com eles nesta vida. Eu não queria morrer do coração e perder a chance de ver meus filhos crescerem. Aquele foi um dia de muita apreensão. A equipe do Einstein precisou de cerca de dez horas para controlar a arritmia cardíaca, fazendo-me multiplicar orações e reflexões sobre a vida e a morte. Foram dez horas assustadoras tentando entender por que tudo aquilo estava acontecendo.

O que aconteceu comigo foi uma arritmia, que basicamente é uma condição em que seu coração sai do ritmo – ou corre mais acelerado do que o comum (taquicardia), ou sua cadência se torna lenta (bradicardia). Em ambos os casos, pode levar ao colapso.[15] Portanto, não se engane: sair da rotina pode ser terrível.

> **Ter uma rotina saudável e intencional é um dos caminhos para grandes feitos e realizações.**

Nas páginas do Livro da Sabedoria e da Riqueza, na porção conhecida como Provérbios, "repreensão" é uma palavra recorrente. Em diversos versículos, o rei Salomão insiste em dizer que somente aqueles que amam a repreensão alcançam a sabedoria. Leia alguns a seguir:

---

[15] TENORIO, Goretti; PINHEIRO, Chloé. O que é arritmia cardíaca: causas, sintomas e tratamentos. *Veja Saúde*, 5 jul. 2019. Disponível em: https://saude.abril.com.br/medicina/o-que-e-arritmia-cardiaca-causas-sintomas-e-tratamentos. Acesso em: 2 out. 2023.

Deem ouvidos à minha repreensão; eis que derramarei o meu espírito sobre vocês e lhes darei a conhecer as minhas palavras. (1:23, NAA)

Quem ama a disciplina ama o conhecimento, mas aquele que odeia a repreensão é estúpido. (12:1)

Quem despreza a disciplina cai na pobreza e na vergonha, mas quem acolhe a repreensão é honrado. (13:18)

O insensato faz pouco caso da disciplina de seu pai, mas quem acolhe a repreensão revela prudência. (15:5)

Quem ouve a repreensão que dá vida habitará à vontade entre os sábios. (15:31)

A repreensão deixa marcas mais profundas em quem tem discernimento do que cem açoites no tolo. (17:10)

Quem insiste no erro depois de muita repreensão será destruído sem aviso e irremediavelmente. (29:1)

> Quer ver o resultado dessa verdade na prática? Escolha um homem ou mulher genial que você admira, uma daquelas pessoas que acumulam grandes feitos. Observe a sua rotina, como eles organizam o dia e o que fazem para se tornar melhores. Que horas acordam? Têm horário para trabalhar? Enviam seu trabalho para outros avaliarem? A seguir, anote o que descobriu e quais dessas lições você pode aplicar na sua própria vida.
>
> _____
> _____
> _____
> _____
>
> Você perceberá que essas pessoas seguem o princípio da disciplina, seja no sentido da alta performance (cumprir horário, não procrastinar, fazer o que tem que ser feito, cuidar de corpo, alma e espírito), seja no da repreensão.

ESCOLHENDO A QUEM OUVIR

Uma das lições que compartilho no Método Destiny,[16] a imersão de três dias em que ensino os princípios milenares, é que o princípio da disciplina é o único capaz de acelerar o tempo. Não digo que vai acontecer com você algo

---

16 Para conhecer o funcionamento e a disponibilidade do Método Destiny na região mais próxima de você, acesse: http://www.metododestiny.com.br.

parecido com a trama do filme *De repente 30*, quando a personagem Jenna passou dos 13 para os 30 anos em um piscar de olhos. Entretanto, você alcançará a habilidade de crescer muito e em velocidade maior ao ter a seu lado alguém que o repreenda, corrija e aponte formas para você melhorar.

É importante ter em mente que não é qualquer pessoa que pode discipliná-lo. Não é qualquer conhecido (ou até desconhecido) que tem o direito de criticá-lo ou dar-lhe alguma lição de vida. Lembre-se das esferas de amizade, das pessoas contornáveis e incontornáveis que apresentei no livro *Especialista em pessoas*. No caso da repreensão, há apenas três tipos de pessoas habilitadas a exercê-la:

1. **Pessoas com autoridade natural sobre você:**
   São aqueles que o conhecem profundamente ao longo da sua história (desde a infância). É o caso de pais, mães, avós (no caso de muitas pessoas que não foram criadas pelos pais biológicos), professores e líderes espirituais.

2. **Pessoas que te amam muito:**
   São aquelas que fazem parte da sua esfera de amizades íntimas, aquelas com quem você mais convive. Basicamente, neste grupo estão marido, esposa, grandes amigos ou amigas. Às vezes, a repreensão mais certeira virá do seu cônjuge ou de um grande amigo. Por mais constrangedor que seja, eles sabem do que você realmente precisa.

3. **Um especialista:**
   Alguém que domina o assunto em que você precisa melhorar pode dizer se você está ou não no caminho certo e repreendê-lo para o seu crescimento.

> Faça uma pequena lista das pessoas habilitadas para repreendê-lo. Tenha certeza de incluir pelo menos uma de cada tipo:
>
> | Nome | Relação | Tipo |
> |------|---------|------|
> | | | |
> | | | |
> | | | |
> | | | |
> | | | |

Hoje, experimento dias de paz e prosperidade. Tenho 43 anos enquanto escrevo estas palavras. Meus livros são lidos por centenas de milhares de pessoas no Brasil e no mundo; alguns deles estão há anos na lista dos mais vendidos do país. Meu conteúdo nas redes sociais tem milhões de visualizações todos os dias.

O Método Destiny treina milhares pessoas por ano; a Noite de Destino[17] alcança milhares de vidas a cada edição; na minha mentoria, o Destiny Mind,[18] centenas de pessoas encontraram conselhos para multiplicar seus negócios e aprofundar sua relação com Deus. Os resultados são ótimos. E não tenho dúvidas de que o princípio da disciplina

---

[17] Evento com uma mensagem de cerca de duas horas em um ambiente de sabedoria e instrução para o futuro. Para conhecer o funcionamento e a disponibilidade da Noite de Destino em uma região próxima de você, acesse: https://noitedestino.com.br/.

[18] Caso deseje saber mais sobre a mentoria, acesse: https://destinymind.com.br.

é um dos responsáveis por eles. Não fosse isso, seria impossível que eu, com mais de 40 anos, vivesse assim.

Precisei de muita disciplina e repreensão, muita mesmo. Fui severamente corrigido até encontrar o caminho certo. Com certeza, este foi o princípio milenar que acelerou meus passos para alcançar o sucesso.

LIMITES TRAZEM CRESCIMENTO

Uma das funções mais importantes do pai e da mãe é disciplinar os filhos, como dizem os doutores Henry Cloud e John Townsend:

> As crianças precisam estar sob a autoridade e o controle dos pais, mas, quando punidas por buscarem sua independência, normalmente se refugiam na mágoa e no ressentimento. Essa hostilidade é uma pobre imitação dos desígnios de Deus sobre disciplina. Disciplinar é a arte de ensinar o autocontrole à criança pelas consequências de seus atos. A irresponsabilidade traz aflição, e isso nos motiva a ser mais responsáveis. [...] A atitude "Você tem uma escolha" ensina a criança a ser responsável pelas próprias ações. [...] A criança escolhe quanto sofrimento está disposta a aceitar por ser desobediente.[19]

É essencial colocar limites e repreender os filhos. Está cientificamente comprovado que a rotina é um dos

---

[19] CLOUD, Henry; TOWNSEND, John. *Limites*: quando dizer sim, quando dizer não. 2. ed. São Paulo: Vida, 2023, p. 75.

fatores que mais ajudam no desenvolvimento das crianças.[20] Elas precisam ter horário determinado para acordar e dormir, para brincar e estudar, para comer, e assim por diante. Cabe aos pais definir o que os filhos vão comer, o que vão assistir na internet ou na TV, como vão estudar etc.[21] A rotina exige limites e regras que são combustível para um desenvolvimento saudável. Por meio da disciplina e da repressão, os pais transformam seus filhos em adultos conscientes e equilibrados.

Quanto mais focada e consistente for a repressão feita pelos pais, maiores serão as chances de as crianças terem sucesso na vida adulta. O oposto também é verdadeiro: "O filho sábio acolhe a instrução do pai, mas o zombador não ouve a repreensão" (Provérbios 13:1).

É muito importante não confundir correção com agressividade. Muitos filhos crescem traumatizados e até abraçam o mundo do crime por causa de excessos e violências na infância.[22] Quando falo de uma criação rígida, não abro precedentes para ações de pais e mães autoritários e/ou que maltratam os filhos. Na verdade,

---

20 SILVA, Lucimar Victor da. *A rotina na educação infantil: o cuidar e o educar*. Disponível em: http://dspace.bc.uepb.edu.br/jspui/bitstream/123456789/1331/1/PDF%20-%20Lucimar%20Victor%20da%20Silva.pdf. Acesso em: 2 out. 2023.

21 CRIANÇAS sem rotina de sono podem ter problemas de aprendizagem. *O Globo*, 9 jul. 2013. Disponível em: https://oglobo.globo.com/saude/criancas-sem-rotina-de-sono-podem-ter-problemas-de-aprendizagem-8968909. Acesso em: 2 out. 2023.

22 SÁ, Débora Dalilla Xavier de. *Traumas de infância e suas consequências no comportamento psíquico do apenado*. Disponível em: https://repositorio.pucgoias.edu.br/jspui/bitstream/123456789/1939/1/Traumas%20de%20inf%C3%A2ncia%20e%20suas%20consequ%C3%AAncias%20no%20comportamento%20ps%C3%ADquico%20do%20apenado.pdf. Acesso em: 2 out. 2023.

refiro-me a pais e mães determinados a educar os filhos de modo construtivo.

Na história recente, há um exemplo negativo dessa paternidade agressiva. O astro Michael Jackson (1958-2009) revelou ter sofrido agressões e até *bullying* do próprio pai na infância.[23] Na fase adulta, Michael cortou relações com o "Velho Joe Jackson". Nesse sentido, em 2013, foi divulgada na mídia brasileira[24] uma pesquisa das universidades de Pittsburgh e Michigan, dos Estados Unidos, que afirma que repreender os filhos com gritos e xingamentos pode causar os mesmos danos psicológicos que uma agressão física.

Tendo por base esses dados, que são uma pequena amostra de toda a gama disponível sobre o assunto, é relevante não esquecermos que este capítulo apresenta a disciplina como princípio espiritual milenar e irrefutável. Vamos retomar, então, os dois conceitos de disciplina que fazem parte desse princípio. O primeiro é entender a disciplina como repreensão: pessoas ou situações vão nos corrigir (não gritar, xingar ou agredir). O segundo é referente à performance: fazer o que tem que ser feito, independentemente da nossa vontade.

Vejamos um exemplo. Se você quiser ter um corpo sarado, por estética ou saúde, terá que elevar seu nível de disciplina e agir de modo diferente de como age hoje.

---

[23] LOPES, Marcos Rogério. Entre pancadas e xingamentos, pai de Michael Jackson exigia perfeição. *Veja*, 28 jun. 2018. Disponível em: https://veja.abril.com.br/coluna/reveja/entre-pancadas-e-xingamentos-pai-de-michael-jackson-exigia-a-perfeicao. Acesso em: 2 out. 2023.

[24] GRITAR com os filhos pode fazer tão mal quanto bater neles, diz pesquisa. *O Globo*, 17 out. 2013. Disponível em: https://g1.globo.com/bom-dia-brasil/noticia/2013/10/gritar-com-os-filhos-pode-fazer-tao-mal-quanto-bater-neles-diz-pesquisa.html. Acesso em: 2 out. 2023.

Além disso, terá que adotar uma dieta restritiva e passará a ter horários estabelecidos para comer. E terá que encarar também pelo menos uma hora diária de treino na academia.

O resultado dessa somatória é a disciplina. Ela começa quando você consulta um especialista. A pessoa que não cuidou da saúde por muitos anos, por exemplo, procura um endocrinologista e, com certeza, será repreendida por ele. Após análise de uma bateria de exames, o médico fará perguntas adicionais e indicará um plano que a pessoa precisará seguir, que incluirá uma lista de tarefas a cumprir e outra lista com as coisas que ela não pode mais fazer.

Passei por isso quando fui a uma nutricionista. Falei a ela a respeito da minha alimentação, e a profissional cortou diversos alimentos que eu amava comer: "Isso não pode mais. Este aqui, de jeito nenhum". Essa é uma forma de repreensão, entende? Um amigo meu, empresário bem-sucedido de São Paulo, procurou um médico, pois tinha planos de malhar até ter o corpo visivelmente definido. Ele queria, claro, fazer tudo de forma saudável. O especialista perguntou sobre a alimentação dele e, ao ouvir, fez a primeira repreensão: "Se você quer ter o corpo definido, não pode mais comer esse alimento, pois ele produz açúcar, que atrapalha os seus planos". Repreensão.

Quando o assunto é cuidar da saúde do corpo, a disciplina não para por aí. Quem for à academia vai ouvir do personal: "Cuidado com essa posição", "Você está fazendo errado", "Isso vai estourar seu joelho", "Atenção com a postura", "Suas costas não vão aguentar". Repreensão.

Há muitas histórias do Livro da Sabedoria Milenar que também demonstram essa verdade. No Capítulo 4 deste livro, já contamos a história de como o rei Davi desejou a esposa do guerreiro Urias enquanto ele estava na batalha. Depois de cometer adultério, Davi ainda cometeu um homicídio indireto. Uma vez que Bate-Seba, esposa de Urias, engravidou do rei, este ordenou que o guerreiro fosse posto na frente da batalha, para morrer. Erro atrás de erro!

Mesmo um rei precisa de correção. O profeta Natã vai até Davi e mostra como ele, que tinha tudo o que queria, cobiçou a esposa de um mero soldado. Quando cai em si, o rei exclama: "Pequei contra o Senhor!" (2 Samuel 12:13). Davi cometeu um erro grave, ouviu uma dura repreensão de alguém com autoridade e se arrependeu das suas atitudes. Repreensão.

Citarei apenas mais uma história bíblica: a da mulher adúltera. Alguns religiosos da época encontraram uma mulher em adultério flagrante. De acordo com a Lei, esse crime era punido com apedrejamento. Querendo pegar Jesus em uma armadilha – fazê-lo se opor à Lei –, esses homens levaram a mulher até o Mestre e perguntaram o que deveriam fazer com ela. A resposta dele tem muito a nos ensinar sobre a correção:

— Se algum de vocês estiver sem pecado, seja o primeiro a atirar pedra nela.

[...]

Os que o ouviram, acusados pela consciência, foram saindo, um de cada vez, começando pelos mais velhos, até que Jesus ficou só com a mulher que estava diante dele. Então, Jesus pôs-se em pé e perguntou-lhe:

— Mulher, onde estão eles? Ninguém a condenou?

— Ninguém, Senhor — disse ela.

Jesus declarou:

— Eu também não a condeno. Vá e, de agora em diante, abandone a sua vida de pecado. (João 8:7-11)

Em uma só história encontramos duas repreensões eficazes. A primeira foi direcionada à multidão. Naquele momento, o Mestre exortou o povo de que cada um ali cometera erros, não somente a mulher adúltera; então, todos seriam passíveis de punição também. Já para a mulher, disse que abandonasse a vida de pecado que levava. A multidão desistiu de apedrejar a mulher; e ela mudou de vida e se tornou seguidora de Jesus. Repreensão e crescimento.

É assim que funciona, não é mesmo?

Está mais do que claro que, para termos uma vida de paz e prosperidade, com mais acertos do que erros, temos que priorizar a prática do princípio da disciplina. Mantenha-se alerta: a repreensão humilha o seu ego e pisa no seu orgulho. É dolorido, mas é o mecanismo divino para acelerar o seu crescimento.

> "A disciplina é um dos princípios mais difíceis de serem cumpridos, pois mexe muito com o orgulho e o ego."

TIAGO BRUNET

Sei como dói e também sei que nossa mente tenta nos livrar desse desafio. Depois de conquistar alguns bons resultados como empresário, precisei ser repreendido. Não foi nada fácil, mas desenvolvi mecanismos para lidar com isso. Quando alguém vem me repreender, a primeira coisa que minha mente me faz pensar é: *Quem é essa pessoa para falar desse jeito comigo?* E eu mesmo respondo para minha mente: *Ué, essa é a pessoa que eu escolhi para ser o meu gatilho de repreensão.*

Preciso me confrontar o tempo todo. É assim com você também? Se não é, acredite em mim: deveria ser. Temos a tendência humana de achar que nossos resultados são suficientes e, por isso, não precisamos mais ouvir as pessoas. Depois de algumas conquistas, pensamos: *Agora já sei o que fazer.* Quantas besteiras nosso cérebro inventa para tentar nos fazer acomodar!

As pessoas que escolhemos como gatilhos de repreensão sempre serão importantes, pois a repreensão torna a vida mais leve. Por mais que seja desconfortável ser repreendido, é necessário.

Se você já esteve comigo pessoalmente ou viu meus vídeos e fotos nas redes sociais, deve ter uma ideia do meu modo de me vestir. Talvez ache que eu me vista bem. A minha mãe sempre elogiava, e Jeanine aprova!

Brincadeiras à parte, o que quero enfatizar é que somente me visto dessa maneira porque fui repreendido por um amigo que sabia bastante sobre roupas, moda, alfaiataria e calçados. Ele me disse que o que eu usava na época não combinava com quem eu era e com o que eu fazia, nem passava uma impressão positiva. Fui repreendido, aceitei a repreensão e mudei a minha forma de comprar e usar roupas.

Houve outra ocasião em que acionei meus gatilhos de repreensão. Foi em uma noite em que eu conversava com Jeanine e ela disse algo de que não me esqueci: "Tem muita gente elogiando você e quase ninguém o repreendendo". Ela estava certa e observei cuidadosamente tudo que ela me disse.

A repreensão acelera o crescimento e te leva para outro nível.

Não deixe de escutar as pessoas que Deus colocou no seu caminho para corrigi-lo. Quanto mais você amar a repreensão, mais chances terá de prosperar. **Quanto mais pessoas qualificadas chamarem a sua atenção, mais leve será sua peregrinação aqui na terra.** Não ignore essa verdade. Ela vale mais do que dinheiro.

Seja bem-aventurado e ganhe tempo ao cumprir o princípio da disciplina.

APRENDENDO A AMAR A REPREENSÃO

Anteriormente, você apontou algumas pessoas que estariam habilitadas a repreendê-lo. Agora, selecione três delas para realmente fazê-lo. Elas serão o seu gatilho de repreensão. Escolha uma pessoa de cada categoria ("autoridade natural", "quem o ama" e "especialista no assunto") e dê-lhes autorização expressa para corrigi-lo.

Depois, anote três objetivos que você deseja alcançar nos próximos vinte e quatro meses. Suas metas podem ser nas áreas profissional, espiritual, financeira ou física.

Agora, descreva como deve ser a sua rotina para atingir esses objetivos. Lembre-se do exercício de pesquisa sobre uma pessoa genial na qual se inspirar. Seja realista também – proponha um plano que você consiga cumprir. Anote-o a seguir:

A que horas devo acordar? _____
A que horas devo dormir? _____
Vou estudar quanto tempo por dia? _____
Visitarei quantas pessoas por dia? _____
O que mais farei durante o dia? _____
_____
_____

Ao organizar as atividades e estabelecer pessoas autorizadas a repreendê-lo, será simples entender como a disciplina funcionará em sua vida. Chega a ser óbvio. Acontece que o óbvio precisa ser dito, pois, muitas vezes, nós nos esquecemos dele. Fique atento à necessidade de cumprir o primeiro exercício proposto neste capítulo antes de partir para os outros. Parece simples, mas é bastante complexo.

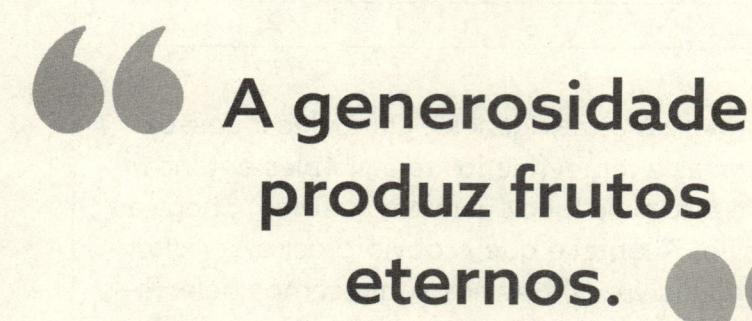

> **A generosidade produz frutos eternos.**
>
> TIAGO BRUNET

CAPÍTULO 7

O princípio da generosidade: a lei espiritual da prosperidade

---

"O generoso prosperará; quem dá alívio aos outros alívio também receberá."

PROVÉRBIOS 11:25

A vantagem de ser generoso é estar sempre feliz e contente. Em toda e qualquer situação, você encontra o lado positivo e ainda ajuda alguém.

Essa lei espiritual foi um dos motivos de eu ter chegado até aqui. Seremos lembrados pelo que demos e odiados pelo que tomamos dos outros. Meu estilo de vida sempre foi o de compartilhar o que eu tinha e ajudar quem não tinha nada. Sem dúvida alguma, isso me promoveu.

A generosidade é uma decisão, e eu escolhi seguir por esse caminho desde cedo. Aprendi com meu pai, que me instruiu nos princípios milenares, mudando meu destino. É claro que descumpri muitas instruções durante minha jornada. Como contei no Capítulo 2, nem sempre fui verdadeiro. Já fiz coisas que eram contra a sabedoria divina das quais me arrependo amargamente. Porém, não desobedeci a algumas leis espirituais, como esta que estamos estudando agora.

Sempre que ganho roupas ou relógios, também dou roupas e relógios. Quando posso usar minha influência para promover quem está começando do jeito certo, eu faço. Quando posso contribuir para uma causa humanitária ou social, contribuo. A generosidade se manifesta no espírito e dá frutos na alma. Ou seja, começa com seu amadurecimento espiritual, porém os resultados são emocionais, como a felicidade e o senso de propósito.

Assim, a generosidade logo vira rotina, e todo dia e toda hora enxergamos uma oportunidade de sermos generosos. Quando vou a um restaurante e sou bem atendido, jamais incluo apenas os 10% obrigatórios para o garçom. Se, em vez de dar 10%, eu der 15% ou 20%, o que isso vai impactar na minha saúde financeira? Nada! Mas o que mudará na vida de quem recebe? Muita coisa. Principalmente em como o outro se sente.

A generosidade deve ser um estilo de vida, sem fazer diferenciação de pessoas. Contudo, há quatro grupos com os quais, biblicamente falando, você deveria ser intencionalmente mais generoso:

- Pobres;
- Vulneráveis (órfãos, viúvas, pessoas com deficiência);
- Quem lhe ensinou coisas na vida (professores, mentores e guias espirituais);
- Deus.

Guarde uma verdade no seu coração: **a generosidade sempre devolve**. Por isso, quero que você aprenda esse princípio, pois, ao praticá-lo, sua vida ficará muito mais leve.

> "Mais bem-aventurada coisa é
> dar do que receber."
>
> ATOS 20:35

UM LEGADO QUE PERMANECE

Vou contar uma história que tem uma lição preciosa para nos ensinar. É de um rapaz que, na época, tinha 20 anos. Ele era herdeiro de uma das maiores fortunas no país e estava impactado com uma notícia que vira na TV. Dias antes, havia perdido o avô paterno, o patriarca da família que construíra um império tão rico, que era difícil dizer precisamente quanto tinha nos bancos e nos cofres particulares.

O garoto estava sensível por causa da perda recente. Toda informação sobre morte ou enterro chamava a sua atenção e mexia com suas memórias e emoções. Só que não foi exatamente a notícia de outra morte que o tocou. Ele ficou impressionado com a comoção que viu nas imagens da televisão. Um líder comunitário havia falecido após sofrer um acidente, e a reportagem mostrava pessoas chorando e em desespero. Uma senhora entrevistada pela jornalista, com visível e tocante emoção, disse ao microfone: "O que será dos nossos filhos agora? Ele não merecia isso, não merecia".

A matéria do telejornal deu outra informação que aguçou ainda mais a curiosidade do rapaz: o corpo do líder comunitário seria enterrado no dia seguinte, num cemitério perto do centro da cidade. Ele mal dormiu naquela noite.

Passou horas pensando: quem teria sido aquele homem cuja morte estava gerando desespero na comunidade? Que história ele construiu? O jovem pensava, pensava e não via a hora de o dia raiar.

Sim, ele estava decidido a ir ao enterro daquele desconhecido. Algo lhe dizia que isso o ajudaria a encontrar a resposta sobre qual era o sentido de sua própria vida. Já havia experimentado tudo que o dinheiro podia comprar, mas ainda se sentia sem propósito.

Pela manhã, ele colocou calças e camisa pretas, um boné da mesma cor e, em vez de ir para a faculdade, foi ao funeral. Inicialmente, ele se manteve afastado para observar a movimentação das pessoas. O choro tocava seu coração. O herdeiro ficou espantado com a quantidade de pessoas que se aglomeravam para a despedida e se perguntava: "Por que esse homem era tão amado? Por que tanto desespero? Essas pessoas são tão pobres. Será que não têm mais com o que se preocupar?".

Eram muitas as perguntas, e ele queria respostas. A curiosidade, aos poucos, foi vencendo a timidez, e o rapaz decidiu se aproximar das pessoas que estavam se despedindo do morto. Ao ouvir as histórias, ele se arriscou, inclusive, a fazer umas perguntas sobre o líder comunitário. Eram muitas memórias:

— Lembra quando ele criou a escolinha de futebol?

— Sim. Ele tinha muito orgulho em dizer que, todo ano, evitava que cem crianças entrassem para o tráfico.

— Nunca vou esquecer o aniversário dele do ano passado.

— Sim. Foi lindo o que ele fez.

— Que ideia, né?

— Como foi isso? Pode me contar? — o rapaz não se conteve e perguntou.

— Sim, sim. Ele ganhou um prêmio de uma ONG por causa de um de seus projetos. O prêmio era para ele. A verba para aplicar no projeto já estava garantida, mas também ganhou um prêmio para ele.

— Merecido, não é? — continuou o herdeiro.

— Sim. Mas então ele pegou esse dinheiro, comprou chuteiras para algumas crianças que iam fazer teste no clube aqui perto e também ajudou a reformar a vendinha da dona Mara.

— E para ele, o que comprou?

— Nadinha. Olhe ali a dona Mara — disse a mulher apontando para a vizinha.

O garoto olhou e a reconheceu: era a mulher que havia dado entrevista para a TV no dia anterior. Ele agradeceu a informação e se aproximou dos familiares do líder comunitário. A viúva acariciava a cabeça do homem petrificado e dizia:

— Eu vou te amar para sempre. Eu vou ensinar aos nossos filhos tudo o que você ensinava. Nunca ninguém vai te esquecer.

Quando se deu conta, o rapaz estava chorando como os demais. Ele ainda ficou por mais uma hora no velório, mas deixou o cemitério antes de o cortejo começar. Já havia encontrado a resposta que buscava.

Para ele, foi impossível não comparar os testemunhos que acabara de ouvir com os comentários de familiares no enterro de seu avô. As lembranças eram diferentes, o legado completamente distinto, assim como as emoções. Naquela manhã de lágrimas e memórias, ele aprendeu que somos o que fazemos, não o que temos.

Seu avô tinha sido um homem bom, mas não havia marcado a vida das pessoas. Só a generosidade faz isso. Apenas quando contribuímos para o crescimento de alguém é que nos tornamos inesquecíveis.

> É melhor ser lembrado pelo tamanho da sua generosidade que pelo tamanho da sua conta bancária.

TIAGO BRUNET

Poucos conceitos na vida são tão poderosos quanto a generosidade. E isso não está ligado a quanto temos investido em ações ou ao tamanho do nosso patrimônio, mas ao que temos no coração. **A generosidade abre portas que jamais seriam abertas com outra chave** e tem o poder quase único de fazer você ser lembrado por muito tempo, talvez para sempre, por algumas pessoas.

Ninguém se esquece daquele que o ajudou no momento de maior necessidade. Ninguém se esquece de uma gentileza vinda de quem resolveu pagar uma conta no seu lugar. Ninguém se esquece de uma pessoa que sempre estava mais preocupada com a demanda de outros do que com ela mesma.

Você já foi alvo da generosidade de alguém? Anote a situação em que isso aconteceu e como você retribuiu. Caso não tenha retribuído, pense em alguma maneira de agradecer pela graça recebida!

Pessoa que me ajudou	O que recebi	Como me senti	Como retribuí

Se você pudesse ver a minha lista de pessoas generosas, com certeza leria o nome de uma mulher muito especial. É impossível falar sobre generosidade e não me lembrar da minha sogra, Ivelise Vieira de Carvalho (*in memoriam*). Jamais conheci alguém que amasse tanto se doar como ela. Cuidei dela até o fim de sua doença, não porque éramos ligados por parentesco, mas por causa da generosidade inexplicável que ela demonstrava com qualquer ser humano que cruzasse seu caminho. O seu legado permaneceu e, por isso, dedico a ela este capítulo do livro.

GENEROSIDADE INTENCIONAL

Infelizmente, muitas pessoas não entendem a palavra "generosidade" como deveriam. Há quem a confunda com abundância financeira. Certamente, você já ouviu frases como "Uau! Quanta generosidade" ditas por alguém que recebeu uma grande quantia de dinheiro como doação ou bônus. O oposto também é verdadeiro. Ouvimos "Seja generoso!" dos lábios de alguém que espera receber mais. É importante ter em mente que essa é apenas uma das formas de entender a generosidade, não a única.

Se generosidade fosse sempre equivalente a uma quantidade monetária alta, a história da viúva que entregou uma pequena oferta no templo não faria sentido. O relato está em Lucas 21:1-4:

> Jesus olhou e viu os ricos colocando suas contribuições nas caixas de ofertas. Viu também uma viúva pobre colocar duas pequeninas moedas de cobre. Ele disse:
> — Em verdade lhes digo que esta viúva pobre colocou mais do que todos os outros. Todos esses deram do

que lhes sobrava, mas ela, da sua pobreza, deu tudo o que possuía para viver.

A mulher que foi entregar a oferta era viúva e pobre. Isso a tornava duplamente vulnerável segundo o entendimento judaico, que ordena o cuidado com o pobre, o órfão e a viúva. Ou seja, aquela que deveria receber doações é quem estava doando.

Acredito que, em seu coração, aquela viúva ardia com o desejo de poder contribuir conforme a Lei judaica indicava. Então, ela se arrumou, pegou sua oferta e saiu de sua casa para cumprir a sua parte. Ao chegar ao templo, depositou duas moedinhas. Jesus a observava e sabia que aquela pequena quantia era mais valiosa do que aquilo que os outros tinham dado.

O Mestre não estava falando de valor monetário absoluto. Os ricos, claro, deram muito mais. É imprescindível compreender que o debate não gira em torno da quantidade, mas sim da intenção. **A generosidade está relacionada ao propósito do coração**, e o Livro da Sabedoria Milenar confirma essa premissa nas palavras do apóstolo Paulo:

> Agora, irmãos, queremos que vocês tomem conhecimento da graça que Deus concedeu às igrejas da Macedônia. No meio da mais severa tribulação, a grande alegria e a extrema pobreza deles transbordaram em rica generosidade. Pois dou testemunho de que eles deram tudo quanto podiam e até além do que podiam. Por iniciativa própria, eles nos suplicaram insistentemente o privilégio de participar da assistência aos santos. (2 Coríntios 8:1-4)

É comovente o exemplo de generosidade que os cristãos do primeiro século nos dão. Eles viviam em tamanha comunhão que repartiam tudo. Esse, sem dúvidas, foi um dos motivos pelos quais o evangelho se espalhou tão rapidamente. Onde há generosidade, há progresso.

O Dicionário Online de Português afirma que "generosidade" é uma "característica da pessoa generosa, de quem se sacrifica em benefício de outra pessoa; bondade". E define "generoso" como alguém que "é capaz de deixar de lado os seus próprios interesses para ajudar uma outra pessoa; que tem bons sentimentos; de bom caráter. Próprio da pessoa que age ou pensa sem interesses próprios". O Houaiss usa a palavra "virtude" para explicá-la e, realmente, é uma ótima escolha.

Adiciono mais uma definição: **generosa é a pessoa que compartilha com alegria**. É aquele que realmente tem prazer em doar e em doar-se. Um bom exemplo desse uso é quando presenteamos alguém. Quando você compra um presente de aniversário para uma pessoa muito importante, como um filho, seu cônjuge, pai ou mãe, como fica seu coração? Feliz, não é mesmo?

Primeiro, você quer encontrar o presente perfeito que vai alegrar e surpreender o aniversariante. Você, porém, não somente quer surpreender, mas também deseja fazer o bem. Logo, seu coração transborda de generosidade. Percebe como não tem a ver com quantidade ou valor monetário? Pais de crianças pequenas ficam exultantes quando recebem a primeira cartinha escrita com a letra do filho: "Mamãe, papai, eu te amo". A simples frase, escrita em uma folha de papel sulfite, é equivalente a uma joia rara.

A generosidade foi provada e comprovada pelo próprio Jesus, o Mestre dos mestres. Ele vivia nos céus, cercado de glória, ao lado de Deus, e concordou em descer à terra, como um ser humano, para prover salvação a toda a humanidade, o que inclui você e eu. E como ele foi o maior exemplo que podemos seguir, sua Palavra indica que devemos fazer o mesmo:

> Nada façam por ambição egoísta ou por vaidade, mas humildemente considerem os outros superiores a vocês mesmos, cuidando, cada um, não somente dos próprios interesses, mas também dos interesses dos outros.
> Seja o modo de pensar de vocês o mesmo de Cristo Jesus, que, apesar de ser Deus, não considerou que a sua igualdade com Deus era algo que deveria ser usado como vantagem; antes, esvaziou a si mesmo, assumindo a forma de servo, tornando-se semelhante aos homens. Sendo encontrado em figura humana, humilhou-se e foi obediente até a morte, e morte de cruz!
> (Filipenses 2:3-8)

Isso, sim, é generosidade. A atitude de Jesus foi generosa ao compartilhar preciosos ensinamentos conosco enquanto viveu sob estes céus. Ele falava, tocava e fazia refeições com pessoas que eram consideradas as escórias da sociedade. Certa vez, o Mestre fez um caminho inusitado para poder passar por Samaria, terra inimiga dos judeus da época, e conversar com uma mulher à beira de um poço. O Nazareno queria demonstrar a ela que o amor verdadeiro não estava em nenhum dos homens com os quais ela tinha se envolvido (João 4:1-26). Pura generosidade.

Ele também escolheu como um de seus discípulos Mateus, o publicano, um homem que, mesmo sendo judeu, trabalhava para os romanos cobrando impostos de seu próprio povo e, por esse motivo, não era bem-visto nem aceito (Mateus 9:9). Generosidade, entende? Para os homens, Mateus não merecia nenhuma atenção, mas Jesus o alcançou.

Em outra ocasião, um centurião, que era chefe de um grupo de soldados romanos, procurou por Jesus em aflição porque um de seus homens estava em profundo sofrimento. Ainda que fosse um pedido vindo de um opressor de seu povo, Jesus curou o servo do centurião (Mateus 8:5-13).

O Mestre também dedicava horas ao ensino dos seus discípulos, do grupo que o acompanhava e das multidões que se reuniam para vê-lo. Ele não deixava de lado as sinagogas e ainda compartilhava sua sabedoria infinita com os mestres da Lei.

O maior capital que o ser humano tem é o próprio conhecimento, sabia? E Jesus entregou tudo o que tinha: seus ensinamentos valiosos, seus poderes miraculosos, passou tudo o que tinha para o ser humano e fez isso gratuitamente. Em todo o tempo, ele demonstrava amor por meio do ensino, de tal modo que deixou lições preciosas para seguirmos seu exemplo de generosidade. E, por fim, ainda nos prometeu: "Aquele que crê em mim [...] fará coisas ainda maiores do que estas" (João 14:12).

A generosidade é uma lei espiritual muito forte. E ela sempre tem a ver com doação. O destino desse princípio é a prosperidade interior. **Você sempre se sentirá completo doando-se aos outros**, mas, se você o fizer esperando retribuição, grande será sua frustração! Seja generoso mesmo que as pessoas não agradeçam, mesmo que elas não mereçam.

Isso significa que não devemos apenas doar coisas, mas também doar a nós mesmos. O livro de Gênesis, no capítulo 14, conta que Abraão, ao retornar vitorioso de uma batalha, encontrou-se com Melquisedeque, rei de Salém e sacerdote do Deus Altíssimo. Os versículos de 18 a 20 registram que Melquisedeque entregou pão e vinho e abençoou Abrão com estas palavras: "Bendito seja Abrão pelo Deus Altíssimo, Criador dos céus e da terra. Bendito seja o Deus Altíssimo, que entregou os seus inimigos nas suas mãos". A passagem bíblica prossegue, dizendo que "Abraão lhe deu o dízimo de tudo". Por que Abraão tinha de dar a décima parte? Não vou entrar na questão religiosa aqui. Minha intenção é reforçar que Abraão estava feliz por ter vencido e decidiu dar algo a alguém. Ele escolheu compartilhar, doar.

Algo semelhante aconteceu quando Jacó disse para Deus que se ele, o Todo-Poderoso, o protegesse, daria o dízimo de tudo que recebesse. Veja o que está escrito em Gênesis 28:20-22:

> Então, Jacó fez um voto, dizendo:
> — Se Deus estiver comigo, cuidar de mim nesta viagem que estou fazendo, prover-me de comida e roupa e levar-me de volta são e salvo à casa do meu pai, então o Senhor será o meu Deus, e esta pedra que hoje pus como coluna será casa de Deus, e, de tudo o que me deres, certamente te darei o dízimo.

Reforço e amplio aqui um alerta importante: **ser generoso não está ligado a dar objetos de valor ou dinheiro**. Você é generoso quando doa seu tempo, quando empresta seus ouvidos, quando se preocupa com alguém e tenta fazer o possível para resolver o problema dessa pessoa. **Ser generoso é doar a si mesmo.** Dar dinheiro ou algum objeto de valor a alguém é uma *materialização* da generosidade.

AS AÇÕES REVELAM O QUE MORA NO CORAÇÃO

Enquanto escrevo este livro, celebro dezoito anos de casamento com a Jeanine. Eu não poderia passar todo esse tempo, a cada 15 de julho (nosso aniversário de casamento), dizendo apenas "eu te amo" para o amor da minha vida e mãe dos meus filhos. Um dia, ela não acreditaria mais. Por isso, guarde esta verdade:

> **As palavras perdem para a generosidade materializada.**

Afinal de contas, como é que eu poderia celebrar mais um aniversário de casamento e não dar um presente? O presente, nesse caso, é a materialização da generosidade. Uma demonstração física, palpável, de que me importo com minha esposa, de que me preocupo e de que sou generoso com ela.

Um coração generoso tem a possibilidade de fazer história. Um coração generoso é valiosíssimo no mundo espiritual.

O universo em que vivemos não é somente físico. Há muitas coisas que podemos tocar, como o computador em que escrevo agora. Contudo, há outras coisas que nossas mãos não alcançam e nossos olhos não veem, mas nosso corpo sente fisicamente, como o calor do sol e a brisa do mar. Ainda mais: existe tudo aquilo que não vemos e nem sempre é sentido, mas está lá – o mundo espiritual. Nesse lugar, há batalhas, derrotas e vitórias. Ali também existe ação. E agir com generosidade é agir espiritualmente. O Livro da Sabedoria Milenar também fala sobre isso:

> Ordene aos ricos deste mundo que não sejam arrogantes nem ponham a esperança na incerteza da riqueza, mas em Deus, que de tudo nos provê generosamente para a nossa satisfação. Ordene-lhes que pratiquem o bem, sejam ricos em boas obras, generosos e prontos a repartir. Dessa forma, eles entesourarão para si mesmos um bom fundamento para a era por vir, de modo que se envolvam com o que diz respeito à verdadeira vida. (1 Timóteo 6:17-19)

Lembra-se de que iniciei este capítulo com a história de um rapaz que, depois de ter perdido o avô, decidiu ir ao velório de um desconhecido para compreender o motivo da comoção por aquela perda? Aquele caso é um espelho da realidade.

Quando morrer, se você tiver sido um ser humano do bem, vai ser lembrado por algumas pessoas que desfrutaram daquilo que você proporcionou. Se tiver sido generoso, entrará para a história de muitos, porque ninguém esquece quem o socorreu, quem o ajudou, quem se doou. **A generosidade gera legado.**

E o tempo é uma peneira. Apenas a verdadeira generosidade, e não aquela que é um disfarce para ser mostrado ao mundo, resiste a ele. Anos atrás, um empresário bilionário e muito famoso apareceu no noticiário por fazer pomposas doações a projetos públicos. Aquele homem abriu seus cofres e entregou ao governo de seu estado verdadeiras fortunas para patrocinar obras públicas. Segundo ele, seu objetivo era investir na cidade em que vivia e que amava e, assim, contribuir para o bem de todos. Esse empresário se tornou sinônimo de prosperidade e generosidade; estampava capas de revistas e era sempre citado como um grande exemplo a ser seguido.

A peneira do tempo, porém, é capaz de separar a verdadeira generosidade da falsa. Anos e anos depois, surgiram escândalos de corrupção que envolveram esse famoso empresário e o governo que recebera suas doações. Aos poucos, a verdade foi aparecendo. As doações volumosas não foram um ato de generosidade, mas sim uma estratégia para conquistar a simpatia da população, para criar o disfarce de bom moço.

Era desse modo que ele tentava ocultar os desvios de verba pública que fazia. Como as investigações mostraram, todo aquele dinheiro doado acabava voltando para o bolso do falso generoso, por meio de contratações ilícitas; um dia, finalmente, ele foi parar atrás das grades.

A generosidade é como uma semente de bondade: seu fruto sempre será bom. Se o fruto for podre, é porque a pessoa não era sincera. Como Jesus nos ensinou:

> Pelos seus frutos vocês os reconhecerão. Alguém pode colher uvas de um espinheiro ou figos de ervas daninhas? Semelhantemente, toda árvore boa dá frutos bons, mas a árvore ruim dá frutos ruins. Uma árvore boa não pode dar frutos ruins, tampouco uma árvore ruim pode dar frutos bons. Toda árvore que não produz bons frutos é cortada e lançada no fogo. Assim, pelos seus frutos vocês os reconhecerão. (Mateus 7:16-20)

Tudo que *parece, mas não é* um dia se revela. Vou repetir algo para você: **a generosidade está relacionada à intenção do coração, e não ao tamanho da sua doação.**

Por que, quando alguém me pede um copo de água, eu já não levo água *e* cafezinho? Por quê? Se você não pode dar mais, se não pode fazer mais, não há problema algum e é compreensível. Agora, se pode fazer, por que não?

Fazer mais do que é pedido é prova de generosidade e uma instrução messiânica. O próprio Jesus disse que, se fizermos unicamente o nosso dever, seremos servos inúteis (Lucas 17:10).

> Alguma vez você já agiu com generosidade e fez além do que era esperado? Qual reação causou? Com qual frequência você age assim?
> _____
> _____
> _____
> _____

Quero que você entenda o que deixei marcado ao longo deste capítulo: dei exemplos de Jesus, Jacó, Abraão, não foi? Isso significa que a generosidade é uma marca de quem é espiritualizado. **Nunca diga que você é espiritual se você não é generoso!**

Lembre-se de que o maior exemplo de generosidade do mundo e de todos os tempos foi dado pelo próprio Deus, o Criador dos céus e da terra. Em João 3:16, está registrado para sempre: "Porque Deus amou o mundo de tal maneira que deu o seu Filho unigênito, para que todo o que nele crê não pereça, mas tenha a vida eterna" (ARA). O texto deixa claro que Deus deu seu filho por amor a você, a mim, a todos nós. O coração dele é tão cheio de amor que ele deu. Dar o que você tem sobrando é bom e ajuda a quem precisa, mas dar com amor e alegria o que você tem de único é a maior das provas de generosidade.

Já tive dias muito felizes em minha vida e um deles foi no meu aniversário de 40 anos, quando meus pais, minha esposa, meus quatro filhos e alguns dos meus melhores amigos subiram na plataforma do evento e testemunharam com alegria no rosto: "O Tiago é uma das pessoas mais generosas que conhecemos".

Com os olhos em lágrimas, agradeci a Deus por ser visto assim. Eu me emocionei ao pensar que, quando partir deste mundo, essa frase poderia estar na minha lápide.

Eu amo doar e doar-me às pessoas. Parte da minha renda vai para obras sociais, orfanatos, projetos educacionais e igrejas. Essa é minha realidade desde que me entendo por gente. Está dando certo até hoje, pois **quem ganha com a generosidade é o generoso**.

A BÊNÇÃO QUE É ABENÇOAR

Por fim, quero contar uma história que fala muito sobre o impacto da generosidade. É de dois empresários que eram muito amigos, cada um de um ramo diferente. Eles costumavam trocar informações, conselhos e desabafos. Eram amigos mesmo, sabe? Acontece que, um dia, um deles quebrou financeiramente. Após uma série de negociações malsucedidas, o prejuízo bateu à porta cobrando juros e o deixou à beira do precipício.

Ele, então, procurou o amigo. Teve que enfrentar a vergonha da quebra, o medo do "não". Teve que remendar o orgulho ferido. No fundo, ele não tinha opção melhor.

A amizade era tão sincera que jamais imaginou que o amigo se negaria a ajudá-lo. Tinha certeza de que encontraria amparo e o tão necessário empréstimo. Bem, depois de um emocionante relato de sua atual situação, em lágrimas, ele suplicou: "Só posso contar com você agora... desculpa pedir isso, mas preciso desse dinheiro para salvar minha vida e evitar que minha família perca tudo".

Meses depois, após um intenso processo de recuperação, o então endividado estava de pé outra vez. Não é fácil conter a crise emocional após "perder tudo". Uma coisa é não ter nada e sempre ter vivido sem ter. Outra coisa é saber como a vida pode ser confortável e, da noite para o dia, ter que vender o almoço para comprar o jantar. Ou pior: não ter o almoço.

Pois bem. Aquele homem deu a volta por cima e, meses depois, encontrou-se com o velho amigo numa festa. Em determinado momento, diante de sua família e de todos, ele pediu a palavra. As pessoas se juntaram, fizeram silêncio, e ele olhou para o amigo. Olhos nos olhos. Era visível sua emoção quando começou seu breve discurso: "Você não é apenas a pessoa que me emprestou dinheiro e resolveu o meu problema, você é o cara que não permitiu que eu passasse pela maior humilhação da minha vida...".

O amigo que se recuperou financeiramente estava feliz e grato. Já o que foi generoso e estava sendo honrado publicamente percebeu que tinha feito muito mais do que ajudar uma pessoa em apuros. Ele tinha sido generoso. Ajudou de coração. Sem esperar nada em troca. Sua decisão foi muito maior do que o ato de emprestar dinheiro. Ele protegeu um amigo e sua família de sua pior humilhação. Isso não tem preço. Isso o tempo não apaga. Além de te tornar especial, a generosidade te abre portas e corações.

PRATIQUE A GENEROSIDADE

A generosidade é uma prática diária que você pode começar agora mesmo. Selecione até dez pessoas para ajudar. Lembre-se: não precisa ser com objetos de valor, mas gestos e atitudes, contanto que venham do coração. Ao lado, escreva o que você pode fazer por elas sem esperar nada em troca. Depois de dar esses primeiros passos, transforme o princípio da generosidade em uma rotina!

Pessoa que ajudarei	O que farei
1.	
2.	
3.	
4.	
5.	
6.	
7.	
8.	
9.	
10.	

> A honra é uma semente que nunca deixa de dar frutos.

TIAGO BRUNET

CAPÍTULO 8

O princípio da honra: a lei espiritual do reconhecimento

"Deem a cada um o que lhe é devido:
se imposto, imposto; se tributo,
tributo; se temor, temor;
se honra, honra."

ROMANOS 13:7

Não sei se você já reparou, mas a lei espiritual do reconhecimento traz recompensas, inclusive materiais e emocionais. Quando honro quem me ajudou, seja com palavras, seja com presentes, crio um gatilho de reciprocidade na mente dessa pessoa, e ela se torna disposta a me ajudar ainda mais. Nunca percebeu isso?

O Japão, país em que estive algumas vezes, ensina muito sobre esse tema. Respeitar, dar preferência ao próximo, preocupar-se em não incomodar ninguém, falar baixo, usar palavras polidas e educadas – isso é o que encontramos na ilha do sol nascente.

Apesar de ser lógico, a maioria dos seres humanos resiste a esse princípio imutável e eu entendo o porquê. Tudo o que desafia nossas emoções negativas e o nosso orgulho causa uma forte resistência interna. Temos a tendência de evitar aquilo que nos confronta ou que nos molda, aquilo que nos disciplina e nos tira da nossa zona de conforto.

Honrar pode parecer bajulação para os menos instruídos, pode machucar a mente de quem é avarento e, é claro, pode afrontar a altivez tipicamente humana. Não é fácil seguir essa lei espiritual. Ela é celestial demais para ser facilmente entendida por nós, meros mortais. Porém, ao ler este capítulo, devemos perguntar a nós mesmos com seriedade: Queremos ou não uma vida mais leve e blindada aqui na terra? Queremos viver bem e ter sucesso enquanto estamos por aqui? Se a resposta for sim, a honra é a estrada que temos que pavimentar.

Honrar é reconhecer!

Reconhecer uma pessoa não significa concordar com ela em tudo; também não é conviver nem sequer "morrer de amores" por ela. **A honra ocorre quando reconheço quem você é, o que fez ou o que significa para mim.** Existem diferentes níveis de honra, que serão discutidos no fim deste capítulo.

Para começarmos essa conversa, observe esta história: certo dia, Célia abriu os olhos e percebeu que estava em outro lugar. Ainda estava em um hospital, mas era outro e bem diferente. Agora estava em um quarto particular, sem outros pacientes do seu lado. Assim que conseguiu firmar o olhar, reconheceu sua filha, Cris. Célia ficou surpresa, não esperava ver Cris ali.

— Cristina...
— Conseguimos te transferir para cá.
— Não precisava.
— Precisava, sim. Agora a senhora terá o cuidado que merece.

A relação entre as duas nunca fora boa. A mãe jamais fora um exemplo de carinho, postura e cuidado e nunca dera à filha o amor que esperamos receber daquela que nos gerou. As brigas se tornaram constantes quando Cris entrou na adolescência e pioraram quando Célia, em um ato de profundo desequilíbrio emocional, vociferou que não havia planejado a gravidez e que, por três vezes, tentara abortá-la.

Cris viveu por anos com um misto de ódio e rejeição no peito. Sua própria mãe havia tentado matá-la. E não apenas uma vez, mas em três ocasiões. Era um duro golpe no coração de uma mulher que sempre quis ser amada e sofria muito com a completa ausência do pai. Na fase adulta, ela tentou diversas vezes se aproximar de sua genitora, mas as conversas sempre terminavam em briga e eram cheias de palavras malditas.

Apesar da dor, Cris sabia que Célia era sua mãe e que devia algo a ela. Quando soube que a mãe estava com câncer, passou a procurá-la mais. Foi mais paciente e determinada. Já sem forças para ser tão durona, Célia cedeu um pouco, mas nunca chegou ao patamar desejado. Cris relevou seus sentimentos e frustrações para tentar ajudar a mãe. Era difícil enfrentar tudo aquilo, mas ela seguiu firme.

A filha correu para o hospital ao saber que o quadro de saúde da mãe havia se agravado e que ela precisou ser internada às pressas. Ao entrar na unidade de saúde, ficou perplexa com a realidade cruel: Célia estava em uma enfermaria, praticamente esperando pela morte. Em um ato de nobreza, juntou forças e recursos para transferir sua mãe para um hospital particular especializado no tratamento de câncer.

— Este lugar deve ser muito caro.

— Não é hora de pensar nisso, Dona Célia. O que importa é que você está sendo bem-cuidada.

— Por que você está fazendo isso?

— Eu sou sua filha...

— Mas você sabe... eu nunca... eu não fui uma mãe...

— Também não é hora disso. A senhora precisa de descanso e não pode se emocionar.

— Por que você está fazendo isso, filha?

Cris gelou por dentro. Ela já não se lembrava da última vez em que a mãe a chamara de "filha". Agora estava ali, diante do leito de hospital, sendo chamada assim.

— Você é minha mãe. Você me deu vida. Você cuidou de mim quando eu não podia fazer isso. Agora, eu vou cuidar de você, mãe.

Naquela altura da vida, Cris sabia exatamente o que estava fazendo. Não era por bondade do coração ou altruísmo. Ela estava cumprindo um princípio, uma lei espiritual.

Imagino que essa história não seja diferente daquela que muitas pessoas encaram: relacionamentos difíceis com as pessoas que deveriam prover segurança emocional na infância e adolescência, a fim de que a vida adulta pudesse ser saudável. Nem todos, porém, conseguem reagir como Cris ao saber que a pessoa que lhes causou dor passa por um problema. Ainda que tenham condições de ajudar, muitos se apegam ao rancor e ficam até felizes ao ter notícias a respeito de uma doença, quebra financeira, problema de relacionamento, ou qualquer condição negativa.

Acontece que, em sua Carta aos Romanos, Paulo de Tarso nos deixou uma regra clara: "Deem a cada um o que lhe é devido: se imposto, imposto; se tributo, tributo; se temor, temor; se honra, honra" (Romanos 13:7). Os ensinamentos desse trecho do Livro da Sabedoria Milenar são preciosos e precisos. Repare que são ordenanças: devemos pagar impostos e tributos a quem temos que pagar; devemos respeitar quem merece respeito; devemos dar honra a quem tem honra. **Não há indicação de que essas práticas sejam interessantes ou agradáveis; são ordens que temos de cumprir!**

> Decida colocar em prática o
> princípio da honra para colher frutos
> de prosperidade e paz.

Naquele dia de muita aflição e emoção, Cris decidiu honrar aquela que lhe gerou. Talvez você esteja se perguntando: "Mas como pode ela dar honra à mulher que tentou matá-la?"; ou concluindo "Nunca mais deveria procurá-la"; ou ainda "Esse tipo de atitude não tem perdão. Como é possível uma mãe fazer isso?".

Para responder a essas questões, precisamos recorrer a um mandamento que Deus entregou a Moisés no deserto e que está registrado em Êxodo 20:12: "Honre o seu pai e a sua mãe, a fim de que você tenha vida longa na terra que o Senhor, o seu Deus, lhe dá". Vou repetir uma informação que apresentei durante todo este livro, mas que é essencial: foi o próprio Deus quem deu os princípios milenares; eles estão registrados e funcionam há milênios. Honrar os pais é um princípio, um mandamento, uma ordenança. E sei bem que nem todos os pais foram bons com seus filhos, o que torna esse princípio doloroso e confrontador de se cumprir.

Para honrar os pais, não existe condição. Nesse caso específico, Deus não diz para honrar o seu pai e a sua mãe se eles tiverem sido bonzinhos com você. Também não fala para honrá-los se pagarem seus estudos ou encherem você de amor. Não! Nada disso está na Bíblia. Não há nenhuma condicional nem meio-termo. Nada que aqueles que o conceberam tenham feito ou deixado de fazer justifica o não cumprimento do que está escrito. Existe uma ordem expressa para honrar tanto o pai como a mãe e ponto-final. Honra é reconhecimento.

O texto de Romanos que citei há pouco foi escrito por Paulo de Tarso, um seguidor de Jesus que se tornou um verdadeiro exemplo para aqueles que desejam cumprir os princípios milenares. No trecho, ele está expandindo algo que o próprio Jesus tinha dito: "Deem a César o que é de César e a Deus o que é de Deus" (Mateus 22:21), em somatória ao mandamento de honrar os pais. Cumprimos o princípio da honra ao pagar impostos e tributos corretamente, e também ao honrar e respeitar quem tem direito a tais.

Junto com a fé, essa lei espiritual mudou a minha vida. Salvo engano, não me lembro de, alguma vez na vida, ter desrespeitado o princípio milenar da honra. Cumpri essa regra de ouro e hoje colho os frutos que plantei durante muitos anos. Esse é o motivo de eu chamá-lo de "o Código Supremo".

Impostos, tributos, honra e respeito: todos fazem parte do Código Supremo.

Na história da Cris e da Célia, o Código Supremo entrou em ação quando a filha buscou recursos financeiros para colocar a mãe debilitada em um hospital particular, a fim de que recebesse um tratamento adequado para sua condição de saúde, apesar do histórico de relacionamento ruim. Honra é reconhecimento. Honra é um princípio infalível e imutável. Honra é um código de conduta que funciona como blindagem espiritual de vida para aqueles que a praticam.

O mundo em que vivemos está de cabeça para baixo quando se trata de instrução bíblica. Cada um quer viver apenas por si, seguir o caminho que considera melhor e quer o que bem entende. Contudo, na regra de convivência que teve resultados positivos nos últimos milênios, toda e qualquer tentativa parecida com essa terminou em desgraça. Acredite nisto: você e eu não seremos exceção à regra. Não cumprir os princípios milenares conduz à ruína.

Como sociedade, precisamos despertar para o que realmente funciona, pois não há como mudar o fim da história do mundo: ele já está escrito e determinado nas Escrituras. Os vencedores serão aqueles que amarem e viverem de acordo com as orientações deixadas no Livro Sagrado.

Vamos refletir sobre o exemplo do Japão novamente. O país foi devastado no fim da Segunda Guerra Mundial, mais especificamente entre os anos de 1942 e 1945. Cerca de oitenta anos depois, ainda está no imaginário de todo o mundo as cenas de destruição causadas pelas bombas atômicas que arrasaram as cidades de Hiroshima e Nagasaki. Estima-se que, durante todo o período de combate, foram mortos mais de 2 milhões de japoneses.[25] Apesar disso, o Japão se reconstruiu rapidamente com base no trabalho e na honra. Esse fenômeno ganhou o nome de "Milagre econômico japonês", pois, no fim da década de 1960, o país já tinha ressurgido como potência econômica.[26] A honra sempre gera resultados positivos.

Em um de seus escritos, Pedro, o pescador de homens que andou com o Mestre dos mestres, também falou sobre a honra: **"Tratem todos com honra, amem os irmãos na fé, temam a Deus e honrem o rei" (1 Pedro 2:17, NAA).** Amém.

Cumprir o princípio da honra não é fácil. Muitas vezes, você terá de fazer algo bom para alguém que não foi bondoso com você. Contudo, se a sua decisão de vida for avançar, crescer e evoluir, não há outra opção: você precisa cumprir essa lei espiritual.

A QUEM DEVEMOS HONRAR?

Escrevo este capítulo em lágrimas, pois o princípio da honra me permitiu que eu alcançasse o patamar de vida ao qual cheguei. De acordo com o Livro da Sabedoria Milenar, existem cinco categorias de pessoas que devemos honrar.

---

25 Mais informações sobre o número de mortos durante a Segunda Guerra Mundial, que durou de 1939 a 1945, podem ser encontradas em: https://super.abril.com.br/historia/o-lado-b-da-segunda-guerra. Acesso em: 20 dez. 2023.

26 Conteúdo adicional sobre o tema está disponível em: https://pt.wikipedia.org/wiki/Milagre_econ%C3%B4mico_japon%C3%AAs. Acesso em: 20 dez. 2023.

Não há exceções na hora de conceder honra a essas pessoas. A ordem é expressa, lembra-se? Honre e ponto-final!

> **CINCO CATEGORIAS DE PESSOAS QUE VOCÊ DEVE HONRAR:**
>
> 1. Deus.
> 2. Aquele que ajudou você.
> 3. Aquele que tem honra.
> 4. Pai e mãe.
> 5. Autoridades constituídas.

Vejamos agora alguns textos do Livro da Sabedoria Milenar que mostram os cinco que são dignos de honra.

1. Deus:

Só conseguimos honrar a Deus temendo o seu nome. Isso implica não fazer as coisas que ele odeia, não contrariar sua vontade nem desafiar seus desígnios! Devemos humildemente buscar em oração a orientação divina a cada novo dia.

> [...] o Senhor declara: "[...] Honrarei aqueles que me honram, mas aqueles que me desprezam serão tratados com desprezo." (1 Samuel 2:30)
>
> Ao Rei eterno, imortal, invisível, o único Deus, sejam honra e glória pelos séculos dos séculos. Amém! (1 Timóteo 1:17)

2. Aquele que ajudou você:

Como gratidão não tem prazo de validade, não despreze ou vire as costas para quem já te ajudou, mesmo que hoje seja uma responsabilidade difícil de carregar.

> Deem a cada um o que lhe é devido: se imposto, imposto; se tributo, tributo; se temor, temor; se honra, honra. Não devam nada a ninguém, a não ser o amor de uns pelos outros, pois aquele que ama ao seu próximo cumpriu a lei. (Romanos 13:7-8)

3. Aquele que tem honra:

Pessoas com títulos ou de relevância emocional para você merecem honra. Nessa categoria estão incluídos seu cônjuge, seus mentores, professores e todas as pessoas que você ama e considera.

> Dediquem-se uns aos outros com amor fraternal, preferindo dar honra aos outros mais do que a vocês. (Romanos 12:10)
>
> Maridos, do mesmo modo, sejam sábios no convívio com a sua esposa, tratando-a com honra [...] (1 Pedro 3:7)

4. Pai e mãe:

Deveria ser simples explicar este ponto, mas não é. Devido a tantos abandonos, descasos, abusos e ausências, honrar os pais em nossa geração nem sempre é uma tarefa fácil. Mães narcisistas, pais ausentes, sofrimentos e traumas na infância nos fazem negar esse princípio. Eu entendo, mas reafirmo: **nossos sentimentos não podem ser mais fortes do que nossos princípios.**

Honrar não é necessariamente conviver, concordar e nem sequer gostar. É reconhecer!

> Honre o seu pai e a sua mãe, a fim de que você tenha vida longa na terra que o SENHOR, o seu Deus, lhe dá. (Êxodo 20:12)

> Honre o seu pai e a sua mãe, como lhe ordenou o Senhor, o seu Deus, a fim de que você tenha vida longa e tudo vá bem com você na terra que o SENHOR, o seu Deus, lhe dá. (Deuteronômio 5:16)

5. Autoridades constituídas:

Esse ponto é polêmico, eu reconheço! Afinal, como honrar uma pessoa que não consigo "engolir"? Assim como no caso dos pais, não se trata de gostar ou concordar, mas de reconhecer que, se essa pessoa é uma autoridade (seja o guarda de trânsito, seja um ministro do Supremo Tribunal), foi a vontade divina que a colocou ali.

> Todos devem sujeitar-se às autoridades governamentais, pois não há autoridade que não venha de Deus; as autoridades que existem foram estabelecidas por ele. (Romanos 13:1)
>
> Por causa do Senhor, sujeitem-se a toda autoridade constituída entre os homens; seja ao rei, como autoridade suprema; seja aos governantes, como envidados por ele para punir os que praticam o mal e aprovar os que praticam o bem. (1 Pedro 2:13-14)

Cada um desses textos bíblicos, além de diversos outros que eu poderia citar, comprova que devemos honrar essas pessoas. Contudo, "falar é fácil, fazer é que são elas", já diria o ditado popular. Ou seja, **a honra exige sacrifícios!**

> Agora que apresentei quem deve ser honrado e expliquei o que é honra, reflita sobre esse tema em relação à sua vida. Você já deixou de cumprir esse princípio milenar? Se já tiver deixado, deixou em relação a quem?
>
> _____
> _____
> _____
> _____

É tempo de se arrepender do seu erro, pedir perdão e reiniciar a prática da honra na sua vida.

> Se a honra é uma escada, a gratidão é
> o primeiro degrau.

OS DESAFIOS DESSE PRINCÍPIO

Como filho de militar e pastor, foi fácil entender o princípio da honra. Já a prática não foi, não é e nunca será fácil. Respirei o conceito de honra desde criança. Meu pai nos ensinou a respeito dele desde sempre: "Não desacatem uma autoridade", "Jamais falem mal de quem está acima de vocês", "Agradeçam por cada porta aberta", "Respeitem os mais velhos", entre tantos outros ensinamentos.

Talvez você não tenha tido um pai para ensiná-lo e sinta que perdeu muito tempo. Todavia, não se esqueça de que agora você está aprendendo sobre o Código Supremo e que há muito tempo de vida pela frente para colocá-lo em prática. Você já sabe quem são as pessoas que precisam ser honradas. Também sabe que honrar é reconhecer. Já entendeu que nada pode impedir você de praticar esse princípio milenar em relação a cada uma dessas pessoas.

Vou acrescentar, agora, mais uma informação preciosa: o princípio da honra protege seus resultados. Se você decidiu cumprir e cumpriu, vai acontecer! Tenha certeza de uma coisa: todas as pessoas que estão se destacando de verdade neste momento já cumpriram ou cumprem o princípio da honra. Você pode imaginar mil e uma possibilidades que a conduziram ao sucesso; certamente, porém, são homens e mulheres que honram quem deve ser honrado.

> O princípio da honra protege seus resultados.

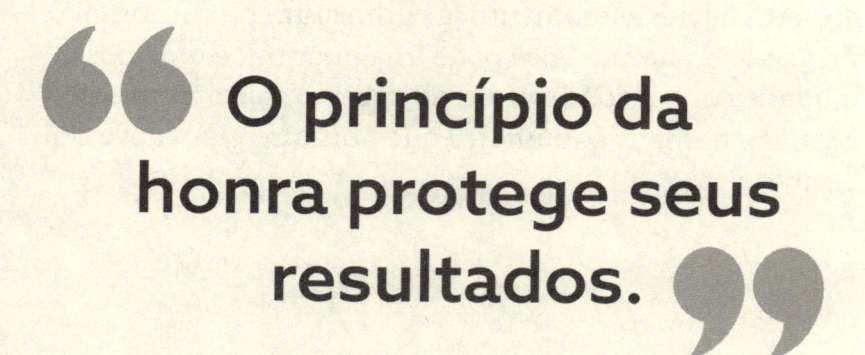

TIAGO BRUNET

Lembro que, tempos atrás, fui palestrar em um evento em Brasília. Ao me ver, uma pessoa da organização do congresso, que, acredito, queria parecer divertida para os colegas, disparou: "Olha quem está chegando: o marketeiro. O cara que enche curso graças ao marketing". Eu não esperava ser recebido daquele modo. A situação não fazia o menor sentido, mas estava acontecendo.

Eu não tinha uma equipe para cuidar dessa área naquela época. Sorri para ele de um jeito meio sem graça e respondi: "Rapaz, olha... eu nem tenho equipe de marketing. Você sabia que muitas pessoas não usam estratégias de marketing, não têm sequer uma equipe para isso, mas enchem eventos? Por outro lado, há muitas pessoas que usam marketing e não conseguem lotar seus eventos".

Não falei sobre mim nem sobre o evento em que estava naquele momento. Recorri a casos de outras pessoas para embasar minha resposta e encerrar o assunto. No mesmo instante em que ouvi a provocação, entendi que não deveria entrar naquela briga. Recordei-me de que quem tem resultados menores que os seus vai tentar desmerecer suas conquistas por inveja ou por qualquer outro sentimento maligno. Guarde esta informação valiosa: quem tem resultados não tem tempo para conversas fiadas.

Em seguida, fui para o local que estava reservado para mim e, no momento em que fui convidado ao palco, honrei minha palavra e meu compromisso e entreguei a melhor palestra possível. Eu tinha ficado bastante chateado com a situação, pois foi uma agressão verbal gratuita. Ainda assim, permaneci no local e cumpri a minha tarefa com plena dedicação; afinal, princípios são maiores do que sentimentos.

Independentemente da emoção que você sinta, é sua obrigação respeitar as cinco pessoas que, biblicamente,

merecem honra. Como diz o texto de Romanos 13:1, escrito por Paulo, todas as autoridades foram estabelecidas por Deus. Nenhuma pessoa que exerce autoridade sobre você está fora dessa lista. Seu chefe é autoridade constituída por Deus; sua professora também é; o presidente da empresa é; o presidente do país também. Não importa se você não votou em quem está no governo neste momento ou se não o suporta: toda autoridade foi constituída por Deus. Não há exceções.

No ano de 2009, eu ainda trabalhava no mercado de turismo. Minha empresa levava caravanas para Israel. Certo dia, surgiu um grande desafio: eu deveria ficar cinquenta dias na Terra Santa e receber diversas caravanas. Por causa da quantidade de grupos fechados, tive de permanecer no país. Um detalhe de suma importância nessa situação é que Júlia, minha primeira filha, tinha cerca de três meses de vida. Ela e Jeanine foram comigo. Vivemos dias bastante intensos e difíceis. A melhor hora desse tempo todo foi quando voltamos para casa e retomamos a nossa rotina no Brasil. Consegue imaginar nossa alegria?

Voltamos em um voo que faria escala em Madri, na Espanha. Como estávamos com uma bebê de colo, passei dois dias conversando com a companhia aérea para conseguir assentos na primeira fila, pois nesse local do avião é possível pendurar o berço de bebês. Sentados ali, Júlia poderia viajar com maior conforto. Quando recebi a confirmação da empresa de que havia disponibilidade, fiquei muito feliz.

A alegria durou pouco. Quando entreguei nossos bilhetes na entrada do portão de embarque, uma funcionária informou que tinham acontecido atualizações nas informações do voo e que nossos assentos haviam sido alterados. Seríamos deslocados para a fileira 28, muito distante daquela que havia sido contratada. Reclamei no mesmo segundo. Entendo que imprevistos acontecem e que, às vezes, é preciso mudar os lugares, mas nós estávamos com uma bebê de colo. Foi uma grande decepção e pedi que nossa condição fosse revista.

A funcionária ouviu meu argumento e disse: "Isso se resolve lá dentro". Esse é o tipo de resposta que deixa a gente ainda mais apreensivo, não é? Como eu não tinha outra opção, uma vez que os demais passageiros já estavam entrando, seguimos nosso caminho e adentramos a aeronave. Assim que passei pela porta, conversei com a comissária que estava na entrada e lhe contei minha história, mostrei a Julia, que estava no colo da Jeanine, e pedi ajuda. Sabe o que ela me disse? "Sente-se, senhor. Depois da decolagem, vemos o que fazer."

Essa viagem marcou minha vida e não foi de modo positivo. Parecia que estávamos vivendo uma história de filme. Jamais me esqueci da lição que aprendi nos ares a caminho de casa. Enfrentávamos uma dificuldade: o espaço entre as fileiras de cadeiras era estreito demais; Julia era um pequeno bebê; Jeanine precisaria amamentar Julia; estávamos exaustos depois de passar cinquenta dias peregrinando por Israel com uma criança recém-nascida; queríamos apenas ter um voo digno.

Poucos minutos se passaram, e o avião decolou. Logo atingiu dez mil pés de altitude e o voo se estabilizou. As comissárias que estavam em serviço começaram a servir a comida e nada de recebermos ajuda. Quando uma aeromoça se aproximou durante o serviço de bordo, eu a recordei do meu pedido e expliquei novamente que estava com uma bebê de colo e que tinha reservado as poltronas na primeira fileira. E ela foi curta e direta na resposta: "Continue sentado. Não tem como resolver".

Assim que ouvi aquelas palavras, eu me levantei e comecei a discutir com a comissária: "Não tem como resolver? Como assim? Eu paguei por isso!", esbravejei.

Meu questionamento incisivo fez com que ela desse um passo para trás e chamasse a segurança do voo. Aquela foi uma das maiores humilhações que já passei em toda a minha vida. Um dos seguranças me segurou, colocou os meus braços para trás, como se eu estivesse sendo preso, e me levou para o fundo do avião. Foram longos minutos de humilhação verbal. Em seguida, veio um funcionário que usava quepe – imagino que era o copiloto do voo – e perguntou:

— Quem é o rapaz que está causando problemas?

— É este aqui — afirmou o segurança.

— Quando chegarmos ao seu país, nós vamos entregar você para a polícia.

— Mas eu não estou fazendo nada de errado — argumentei. — Só quero o meu assento.

Eles mandaram que eu calasse a boca. Falaram que eu estava criando problemas demais. A verdade, porém, era que eu estava apenas buscando o meu direito do assento reservado. A situação se prolongou. Com quase uma hora de voo, eu ainda estava lá atrás do Boeing cercado por aqueles homens, até que um deles propôs: "Se você quiser voltar para o seu assento e ficar junto da sua família, vai ter que voltar para lá e, do lugar de onde você se levantou e com o tom de voz que usou para discutir, deverá pedir perdão à comissária na frente de todos os passageiros".

A outra alternativa era terrível: ficar preso no fundo do avião. Na realidade, eu não tinha outra opção. Então, fui até a fileira 28, olhei para a comissária, uma mulher de meia-idade que me olhava com sorriso sarcástico, engoli em seco e pedi perdão a ela.

Tenho para mim que esse episódio foi o mais próximo que cheguei de quebrar o princípio da honra e de desrespeitar uma autoridade. Todavia, aprendi ali uma lição que carregarei para sempre comigo: você sempre vai perder se enfrentar alguém que, naquele momento, é autoridade sobre a sua vida. A derrota que você enfrentará pode ser imediata, como foi a minha, ou pode chegar algum tempo depois, mas certamente virá.

> Você já enfrentou uma autoridade e perdeu algo? Tendo como base o que você acabou de aprender, como reagiria se a mesma situação acontecesse novamente?
> _____
> _____
> _____
> _____

ALGUMAS LINHAS DE AÇÃO

Eu gostaria de encerrar este capítulo apresentando os níveis de honra que orientam as minhas ações. Eles são resultado dos meus anos de experiência e são um guia para que eu continue sempre a cumprir o princípio do reconhecimento.

> **OS QUATRO NÍVEIS DE HONRA QUE PRATICO:**
>
> 1. Gratidão (dizer obrigado a quem fez algo por mim);
> 2. Reconhecimento (oferecer palavras e atenção);
> 3. Materialização (ofertar presentes ou algo financeiro);
> 4. Dívida de honra (reconhecer uma pessoa que merece estar na minha lista eterna dos três pontos anteriores).

A gratidão é o primeiro passo a ser dado. É muito importante manifestar verbalmente – e não apenas deixar subentendido – o nosso agradecimento às pessoas que o merecem. Essa é, inclusive, uma forma de "ganhar" uma pessoa. Todos já passamos por situações em que um simples "Obrigado!" fez toda a diferença.

O reconhecimento é o nível dois. É quando uma pessoa fez algo por mim a ponto de agora merecer meu tempo, meu reconhecimento público e minha atenção. O reconhecimento estreita laços e forja aliados. Não o negligencie!

A materialização é quando entendo que o favor que recebi é mais bem retribuído com algum presente, ou, então, quando a pessoa que desejo honrar prefere esse tipo de demonstração. Quando recebemos um presente, entendemos que aquela pessoa dedicou tempo pensando no que ofertar, esforçou-se para encontrar algo adequado e dispôs até de seus recursos financeiros para isso. É um sinal visível e concreto da gratidão que brota do coração.

Por fim, o último nível da honra é a dívida. É quando entendo que, sem aquela pessoa, minha vida não seria possível da forma que é hoje. Por isso, essas pessoas devem ser honradas de diversas formas – palavras, reconhecimento e presentes –, várias e várias vezes. No meu caso, sou devedor dos meus pais, da minha esposa e de cerca de cinco pessoas que cruzaram comigo nessa peregrinação terrena e mudaram minha história. A elas, faço uma confissão de dívida! Sempre poderão contar comigo.

Com base na minha trajetória pessoal e na análise da vida de muitas pessoas bem e malsucedidas, assim como no estudo da Sabedoria Milenar, posso afirmar que **o sucesso financeiro e o reconhecimento são liberados pelo código da honra**.

Observe o que o rei Salomão escreveu em Provérbios 20:3: "Honroso é para o homem o desviar-se de questões, mas todo tolo se entremete nelas". Essa tradução é da versão bíblica Almeida Corrigida Fiel. Em outra, a Nova Versão Internacional, lemos: "Honroso é para o homem abster-se da contenda, mas todos os insensatos envolvem-se nela".

Quebrar a lei espiritual da honra significa abrir as portas para a contenda. Portanto, se você quer evoluir, evitar problemas e viver dias de glória, comece hoje a cumprir o Código Supremo. Essa lei existe há milênios e nunca falhou. Ela te levará para outro nível.

Ser considerado um ser humano honrado e de honra te dará um destaque jamais imaginado por você.

COLOCANDO EM PRÁTICA!

Agora que você aprendeu a importância do princípio da honra, e também como aplicá-lo na sua vida, chegou a hora de praticar! Procure formas de honrar pessoas, de acordo com os níveis discutidos aqui. Então, volte a este espaço para descrever a situação e a consequência positiva do seu ato.

Gratidão

Pessoa que honrei:
_____

Situação:
_____
_____
_____
_____

Consequência:
_____
_____
_____
_____

Reconhecimento

Pessoa que honrei:
_____

Situação:
_____
_____
_____
_____

Consequência:
_____
_____
_____
_____

Materialização

Pessoa que honrei:
_____

Situação:
_____
_____
_____
_____

Consequência:
_____
_____
_____
_____

Dívida de honra

Pessoa que honrei:
_____

Situação:
_____
_____
_____
_____
_____

Consequência:
_____
_____
_____
_____
_____

Pessoas que estão na minha lista de dívida:
_____
_____
_____
_____

> "Negar o perdão é trancafiar a si mesmo em uma cela."
>
> TIAGO BRUNET

CAPÍTULO 9

O princípio do perdão: a lei espiritual da libertação

"Então, Pedro aproximou-se de Jesus e perguntou:
— Senhor, quantas vezes deverei perdoar o meu irmão quando ele pecar contra mim? Até sete vezes?
Jesus respondeu:
— Eu digo a você que não até sete, mas até setenta vezes sete."

MATEUS 18:21-22

Você está sem falar com alguém ou precisa perdoar alguma pessoa que tenha te ferido?

O perdão é um tema complexo, o que coopera para que seja muito mal compreendido. Ao contrário do que muitos pensam, perdoar não é validar ou aprovar o que o outro fez. Não é entender, no sentido de ser compreensivo, o que fizeram contra você. Também não é justificar a ação do outro, oferecendo explicações e atenuações. Perdoar é tirar a mágoa do próprio peito – é libertar-se.

Preste atenção: perdoar não é aceitar a pessoa e se relacionar novamente com ela. **Perdoar é liberar espiritualmente quem agiu errado e deixar seu coração em paz para seguir em frente com a sua vida.**

O Livro da Sabedoria Milenar contém uma parábola, contada por Jesus, que ilustra uma das principais características do perdão. Ela está registrada em Mateus 18:23-35, em que lemos sobre um servo que devia muito dinheiro ao rei, que acabou perdoando seu devedor. No entanto, quando o servo foi para a rua, encontrou uma pessoa que lhe devia um pouco de dinheiro.

O servo, que acabara de ter uma gigantesca dívida perdoada, não agiu com a mesma generosidade. Ao encontrar seu devedor, cobrou-o com agressividade e, como não recebeu o que lhe era devido, mandou o homem para a prisão. O caso chegou aos ouvidos do rei, que estranhou toda a situação. Ele tinha perdoado uma grande dívida do servo, mas o servo não perdoou uma dívida muito menor. Não fazia sentido!

Inconformado, o rei mandou buscá-lo e o castigou severamente. O trecho de Mateus conta que o monarca disparou: "Servo mau, cancelei toda a sua dívida porque você me implorou. Você não devia ter tido misericórdia do seu conservo, como eu tive de você?" (v. 32-33). Na sequência, o homem foi jogado na prisão e entregue "aos torturadores até que pagasse tudo o que devia" (v. 34).

> O perdão é o único princípio
> milenar que é condicional.
> Você só é perdoado se também perdoa.

O Mestre contou essa parábola para ensinar uma lição desconcertante: o perdão de Deus é uma dívida muito alta e carrega uma condição. Em Mateus 18:35, Jesus conclui a parábola dizendo: "Assim também fará meu Pai celestial a vocês se cada um não perdoar de coração o seu irmão". É isso mesmo que você leu.

Você se lembra da oração do Pai-Nosso, ensinada por Jesus? A lição da condicionalidade do perdão está lá também: "perdoa as nossas ofensas, como também temos perdoado aqueles que nos ofendem" (Mateus 6:12). Jesus levou essa verdade até a cruz, a pior forma de tortura e morte de sua época. Pregado no madeiro, Jesus, em seus últimos momentos de vida em carne e osso, olhou para os que o açoitavam, zombavam dele e torciam por sua morte, também observou os perversos que rasgaram suas costas com chicotadas, que o xingaram, que duvidaram de sua divindade, e pediu que todos fossem perdoados. Jesus olhou para o céu e falou: "Pai, perdoa-lhes, pois não sabem o que fazem" (Lucas 23:34).

Jesus não é mentiroso nem brincou com esse assunto tão sério. O Nazareno falou a verdade: eles não sabiam o que estavam fazendo. Esse foi o motivo de o Mestre ter liberado o perdão na hora, imediatamente, sem pensar duas vezes.

É necessário ser sábio para perdoar.

> Nós perdoamos porque também necessitamos de perdão. Para refletir sobre essa importante reciprocidade, escolha uma pessoa de seu círculo íntimo que você já teve de perdoar, e para quem você também teve de pedir perdão. Descreva essas situações enquanto reflete sobre como o perdão, nas duas vias, foi necessário para que o relacionamento prosperasse.
>
> _____
> _____
> _____
> _____
> _____

O PERDÃO É SINAL DE MATURIDADE

Você provavelmente conhece a história de José, que é narrada a partir do capítulo 40 do livro de Gênesis. Esse é um dos personagens mais interessantes da Bíblia! Ele era filho de Jacó e Raquel, a esposa por quem Jacó trabalhou durante catorze anos, e desde cedo mostrava sinais de que teria um futuro grandioso. Mas José não era lá muito popular entre seus irmãos. Isso porque, além de ser o favorito do pai e receber presentes especiais do patriarca, ele também contava a todos que tinha sonhos em que os irmãos mais velhos se ajoelhavam diante dele (o que era uma atitude um tanto tola, não é mesmo?).

Movidos por inveja, os irmãos o vendem como escravo e contam ao pai que José morreu. A partir desse momento, a vida de José se transforma numa verdadeira jornada de herói! Ele vai parar na casa de Potifar, um oficial do Egito. Tudo o que José fazia prosperava, e o rico egípcio não demora a promovê-lo a administrador de toda a sua propriedade. Mas a esposa de Potifar o assedia e, quando José nega os avanços, ela mente e consegue jogá-lo na cadeia.

E lá José permanece por alguns anos, mas a Bíblia relata que Deus estava com ele e que, por isso, o carcereiro o tratou com bondade, tornando José um tipo de encarregado na prisão. Nesse meio-tempo, José também interpreta os sonhos de ex-empregados do próprio faraó. Um desses serviçais é readmitido no palácio e se lembra de José quando, tempos depois, o faraó procura por alguém que possa interpretar seus enigmáticos sonhos.

José interpreta corretamente os sonhos, e o faraó, percebendo, que ele tinha a bênção de Deus sobre a sua vida, decide promovê-lo a governador de todo o Egito. Já não é mais o garoto tolo que contava seus sonhos grandiosos aos seus irmãos, mas um homem testado pela vida de sucesso. Foi um governador diligente, tendo percorrido todas as terras egípcias e preparado reservas de trigo no tempo de abundância.

Há muito que podemos aprender aqui. José tornou-se maduro, era íntegro independentemente das circunstâncias, era disciplinado e nunca descumpriu o princípio da honra, respeitando todas as autoridades constituídas. Contudo, quero chamar a atenção para o aspecto mais surpreendente da sua história: o perdão.

Quando a fome assolou as terras de toda a região, os irmãos de José foram até o Egito buscar alimento. Sem o reconhecer, eles se curvaram diante do governador do faraó, com o intento de comprar trigo – e assim o sonho se cumpriu. Mas José os reconheceu imediatamente!

Se você estivesse no lugar de José, o que faria? Aqueles que o venderam como escravo estão agora diante de você, em posição de humildade, em uma situação vulnerável. Com uma ordem, você poderia expulsá-los para que voltassem à terra deles com as mãos abanando. Um comando seu significaria uma sentença de morte para aqueles que o feriram. José, contudo, optou por um caminho diferente.

Depois de alguns encontros, em que escondeu sua identidade, José finalmente revela a verdade a seus irmãos e afirma: "Não foram vocês que me mandaram para cá, mas sim o próprio Deus. Ele me tornou ministro do faraó, e me fez administrador de todo o palácio e governador de todo o Egito" (Gênesis 45:8). Emocionado, beija cada um deles e ordena que tragam logo Jacó, seu pai, para perto de si.

José não se ressente pelos infortúnios que teve de enfrentar. Ele encara seu passado com paz, entendendo que só alcançara aquela posição de autoridade porque seus irmãos, muitos anos antes, o venderam como escravo. Isso não diminui ou desfaz o erro daqueles que deveriam protegê-lo, mas José escolhe olhar para o futuro: porque era governador do Egito, podia salvar a vida de seus irmãos e de seu pai. Nesse encontro emocionante, ele afirma:

> Agora, não se aflijam nem se recriminem por terem me vendido para cá, pois foi para salvar vidas que Deus me enviou adiante de vocês. Já houve dois anos de fome na terra, e nos próximos cinco anos não haverá cultivo nem colheita. Deus, porém, me enviou à frente de vocês para lhes preservar um remanescente nesta terra e para salvar-lhes a vida com grande livramento. (Gênesis 45:5-7)

Se não houvesse perdão imediato por parte de José, não haveria destino profético. Se não houvesse perdão, a continuidade da vida não seria possível. Como diz o ditado popular, **a amargura é um veneno que bebemos esperando que o outro morra.**

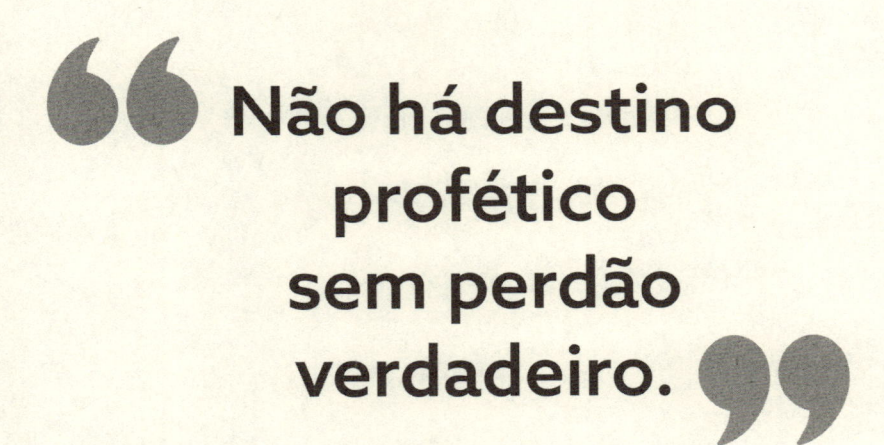

> **Não há destino profético sem perdão verdadeiro.**
>
> TIAGO BRUNET

O PERDÃO É UMA FONTE DE VIDA

O perdão é uma obra espiritual e emocional que libera todas as outras áreas da nossa vida: financeira, familiar, relacional, profissional. A própria ciência confirma a importância do perdão para a saúde. Em 2014, a revista *Galileu* publicou uma reportagem listando os oito benefícios do perdão:[27]

1. **Perdoar incondicionalmente pode fazer você viver mais:**
   A reportagem explica que pessoas que praticam o perdão apenas quando a parte ofensora oferece um pedido de desculpas têm a tendência de morrer mais cedo que aquelas que perdoam incondicionalmente. Afinal, esperar pela iniciativa do outro pode demorar uma vida toda! É melhor para nós mesmos liberar o perdão do que alimentar o ressentimento.
2. **Perdoar te deixa menos nervoso:**
   O ressentimento, além de um peso emocional, é também um peso físico. Cultivar o rancor provoca outros sentimentos negativos, como a tristeza e a irritação, e causa um aumento em reações físicas como suor, tensionamento dos músculos faciais, pressão arterial, entre outras.

---

27 OLIVEIRA, André Jorge de. 8 razões pelas quais o perdão faz bem pra sua saúde. *Galileu*, 4 nov. 2014. Disponível em: https://revistagalileu.globo.com/Sociedade/Comportamento/noticia/2014/11/8-razoes-pelas-quais-o-perdao-faz-bem-pra-sua-saude.html. Acesso em: 27 out. 2023.

3. **Melhora a sua saúde em todos os sentidos (até o sono!):**
   Perdoar faz uma verdadeira limpeza nas nossas emoções negativas, reduzindo "sentimentos e patologias prejudiciais à saúde, como tensão, raiva e depressão". Assim, o ato do perdão está diretamente ligado ao nosso bem-estar geral.
4. **Fazer as pazes te ajuda a perdoar a si próprio:**
   De acordo com o artigo, quando somos nós quem precisamos do perdão, pedir desculpas a quem ofendemos contribui muito para que perdoemos a nós mesmos e sejamos capazes de deixar o passado para trás. Quando você nega perdão a alguém, está impedindo que essa pessoa também siga em frente.
5. **Seu coração agradece:**
   Pesquisadores afirmam que a conciliação diminui a pressão arterial tanto para quem perdoa como para quem é perdoado. Aqui entra também o princípio da generosidade: perdoar é um ato de libertação para você e para os outros!
6. **Pode trazer benefícios ao sistema imunológico:**
   Em um estudo com pacientes de uma doença autoimune, pesquisadores descobriram que aqueles que perdoavam produziam um maior número de células importantes para o sistema imunológico. Então, cuidado! O rancor é um verdadeiro sugador da vida!
7. **Pode fortalecer seu relacionamento depois de uma traição:**
   Perdoar quem te traiu pode ser a chave para salvar ou até mesmo fortalecer seu relacionamento. Pesquisadores afirmam que, em casais em que houve traição, o perdão verdadeiro facilitou o processo de recuperação e garantiu maior satisfação na relação.

8. **Quem perdoa pode se proteger do estresse a longo prazo:**
Ter a habilidade de perdoar pode nos proteger do estresse mental. Assim, ter o perdão como estilo de vida aumenta nossa saúde física e mental.

São muitos os benefícios, não é mesmo? Somente por eles, você já deveria ser um grande adepto dessa prática. Contudo, a questão espiritual que está por trás do perdão é o maior motivo de todos: **o perdão é uma lei espiritual que escreve o seu futuro e apaga o seu passado.**

Por isso, é primordial relembrar o que Jesus ensinou: se você não perdoar quem o feriu, Deus, que está nos céus, também não perdoará os seus pecados: "Pois, se perdoarem as transgressões uns dos outros, o Pai celestial também perdoará vocês. Mas, se não perdoarem uns aos outros, o Pai celestial não perdoará as transgressões de vocês" (Mateus 6:14,15).

A complicação existente nas questões relativas ao perdão é que essa lei espiritual mexe completamente com a razão e com a emoção. Com a razão, porque você entende que não deveria perdoar uma pessoa que lhe fez mal. Ela está errada. E com a emoção, porque os seus sentimentos querem machucar a pessoa, não a perdoar. Contudo, a única forma de se libertar emocional e espiritualmente e ser capaz de seguir a sua vida é por meio do perdão.

O PERDÃO É LIBERTADOR

A escritora Joyce Meyer, uma das maiores pregadoras das Escrituras da atualidade, conta em seus livros e palestras que sofreu abusos sexuais praticados pelo próprio pai.

Hoje, aos 80 anos, ela influencia multidões com sua mensagem e é um exemplo vivo de que o perdão vale a pena, ainda que a outra pessoa não o mereça. Da mesma forma, nós não merecíamos o perdão pelos nossos pecados, mas Deus decidiu nos perdoar ao entregar seu único filho para morrer em nosso lugar na cruz.

O perdão é uma exigência espiritual.

O perdão é transformador, pois é a única lei que desata o seu passado e o desprende de quem fez mal a você. É uma libertação. Então, preste muita atenção nesta verdade: o perdão não é uma opção para quem quer viver em paz e prosperidade. Não é uma opção para quem quer ter uma vida mais leve aqui na terra. **O perdão é uma exigência espiritual e ilimitada!**

O Livro da Sabedoria Milenar nos ensina sobre isso: "Se o seu irmão pecar, repreenda-o e, se ele se arrepender, perdoe-lhe. Se pecar contra você sete vezes no dia, e sete vezes voltar a você e disser: 'Estou arrependido', perdoe-lhe" (Lucas 17:3,4). E ainda: "Quem esconde os seus pecados não prospera, mas quem os confessa e abandona encontra misericórdia" (Provérbios 28:13). Então, não se esqueça de pedir perdão também.

O perdão é o seu passaporte para o futuro, porque entre um passado de dor e um futuro de paz existe um presente de perdão. Lembro-me de um filme que ilustra muito bem essa questão. Trata-se de *Uma questão de fé* (Kevan Otto, 2017), um drama que aborda a história de três famílias de culturas diferentes que moram em um mesmo bairro. Os personagens são completamente estranhos entre si e têm vidas muito distintas, mas seus caminhos se cruzam por conta de duas tragédias.

O filho mais novo de uma das famílias é atropelado e morre. A filha de outra família precisa de um transplante de coração. E a filha da terceira família, ao usar o celular enquanto dirigia, atropelou e matou uma criança e foi presa. David Newman, o pai do menino atropelado, também é pastor.

Em certo momento do filme, ele conta como reagiu à morte de seu filho Erik: "Às vezes a tragédia acontece em nossas vidas e, em vez de correr na direção de Deus, ficamos com tanta raiva que tentamos correr dele o mais rápido possível, e eu sei que isso é verdade porque aconteceu comigo". O personagem descreve como o perdão parecia uma alternativa impossível e como ele ficou com raiva do próprio Deus pela tragédia.

Imagine a dor de um pai que teve de enterrar seu próprio filho! Sabemos que o natural é que filhos enterrem seus pais, não o contrário. Esse poderia ter sido o fim para David. Ele poderia ter vivido o resto de seus dias em dor, relembrando a morte do filho, revoltado contra o Criador. Mas esse homem enlutado fez algo diferente. O personagem continua:

> Eu fiquei com raiva dele, de Deus, e acabei correndo dele. Mas não hoje. Hoje eu correrei em direção a ele. Eu correrei em direção a Deus e correrei a ele o mais rápido que puder. [...] Eu quero testemunhar o fato de Deus ter transformado um coração. E que dessa transformação nasceu algo incrível.

Então, na frente de toda a congregação, David chama à frente Maria, a filha da terceira família, que tinha matado acidentalmente seu filho. Ele toma a jovem pela mão, convida sua própria família a se unir a ele e proclama o perdão sobre a vida daquela jovem. David também declara: "Eu oro para que o seu coração não carregue mais o fardo da tragédia daquele dia, porque o perdão de Deus é dado a todos nós através do sangue de Jesus Cristo". Com essas palavras, David não estava apenas libertando Maria de sua culpa, mas também a si mesmo e a sua família, em direção a um futuro cheio de propósito.

Em meio à dor da perda, o pastor e sua família optaram por doar os órgãos do filho, e é o coração de Erik que salva a vida da filha da segunda família, que precisava tão desesperadamente de uma doação. No discurso que faz à congregação, David anuncia a criação de um instituto para incentivar a doação de órgãos e também para conscientizar os motoristas sobre o risco de dirigir e usar o celular ao mesmo tempo.

Não quero sequer tentar imaginar o tamanho da dor de um pai que perde um filho. Contudo, o foco do filme está no poder do perdão, que transformou a dor da perda em um ministério para ajudar a salvar outras vidas. O perdão também possibilitou um futuro para Maria, uma jovem promissora que, por um descuido, causou uma tragédia.

O PERDÃO É UM ATO DE CORAGEM

Você pode pensar que histórias assim acontecem somente na ficção. Contudo, quando eu pesquisava para escrever este livro, encontrei reportagens que provam o contrário, como a de um pai que perdoou o atirador que matou seu filho.[28] Recentemente, no caso de um ataque a uma creche, o pai de uma das vítimas emocionou o país ao perdoar o assassino de seu filho Bernardo. O que o motivou a isso foi justamente o ensinamento que Jesus nos legou. Veja o que esse pai enlutado declarou:

> [...] Eu perdoo a vida dessa pessoa. Eu não conheço, nunca nem vi, não sei quem é, mas eu, como cristão, peço que Deus conforte o meu coração para lidar com essa situação. [...] Eu agradeço a Deus por todos os momentos que eu tive com o meu filho. A partir de hoje a memória dele vai ser honrada no meu coração [...].[29]

O perdão é um ato extremamente corajoso. É preciso extrema coragem para declarar em rede nacional que perdoa o assassino de seu filho que acaba de ser morto. E, espiritualmente falando, é um ato generoso e obrigatório, pois é a única forma de nos beneficiarmos da lei espiritual que nos garante receber o nosso perdão.

Este é um ensinamento tão importante que vale a repetição: **assim como Jesus nos perdoou, devemos perdoar quem pecou contra nós**. Veja outro texto bíblico que enfatiza essa verdade: "Suportem uns aos outros e perdoem as queixas que tiverem uns contra os outros. Perdoem como o Senhor os perdoou" (Colossenses 3:13).

---

28 Confira a matéria em: https://gauchazh.clicrbs.com.br/geral/noticia/2017/10/vitimas-de-atirador-de-goiania-sao-enterradas-neste-sabado-e-pai-desabafa-temos-que-perdoa-lo-cj91k09mv032so1oyrocsea4o.html. Acesso em: 27 out. 2023.

29 "Pai de vítima da creche em Blumenau emociona a todos ao dizer que é cristão e perdoa o criminoso". Postado por *Cristão também pensa!*, em 5 abr. 2023. Disponível em: https://www.youtube.com/watch?v=FondRaT9tOE. Acesso em: 27 out. 2023.

Pessoas que perdoam "da boca para fora", ou seja, que disfarçam o princípio do perdão, continuam aprisionadas e atormentadas. Não viva assim! Seja para se livrar da amargura, seja para se libertar do peso ou para receber o perdão que Deus tem para dar, perdoe quem você precisa perdoar. Seja a pessoa a dar o primeiro passo rumo à reconciliação.

No meio cristão, é comum ouvirmos um ditado que diz: "Não há nada que você tenha feito ou que possa fazer que seja tão ruim a ponto de Deus deixar de amá-lo". Absorva essa verdade e coloque-a em prática em relação aos que erraram contra você.

Se a pessoa que você precisa perdoar ou a quem deve pedir perdão já tiver morrido, faça um ato simbólico. Abrace alguém como se fosse essa pessoa e libere ou peça perdão. Repito: é um ato simbólico, mas vai liberar o seu coração. Se você considerar o tema íntimo demais para expor alguém, escreva uma carta de perdão que você possa destruir depois.

Se você pode procurar a pessoa a quem precisa perdoar ou pedir perdão, não pense duas vezes! Mande uma mensagem de texto, diga que pensou em tudo o que aconteceu e que gostaria de resolver a situação de uma vez por todas. Mesmo que a culpa não seja sua, tome essa iniciativa. Sua decisão vai mudar tudo daqui para a frente, pois, ao pedir ou liberar perdão, você receberá o passaporte para um futuro mais leve e feliz.

E, finalmente, perdoe a si mesmo. Sei que muitos de nós fizemos coisas no passado que nos atormentam. A culpa realmente é um peso insuportável de carregar. Então, lembre-se: **se Jesus conseguiu perdoar você, siga o mesmo caminho. Liberte-se hoje mesmo.**

DESATANDO OS NÓS DO PASSADO

Enquanto você lia este capítulo, é possível que tenha se lembrado de alguma experiência do seu passado. Todos nós temos alguma situação mal resolvida, algo que vivemos e que ainda não teve desfecho. Agora é hora de buscar a cura!

Caso você tenha sofrido uma ofensa, escreva uma carta para quem o ofendeu, perdoando-o. Se possível, entre em contato com essa pessoa e procure colocar um ponto-final nessa história.

Caso você tenha ofendido alguém, escreva uma carta pedindo perdão. Se possível, procure essa pessoa e faça as pazes com ela.

Lembre-se: o perdão não é limitado. Tome uma atitude, ainda que a outra pessoa envolvida na situação não tenha interesse em se reconciliar. Faça a sua parte e viva em paz.

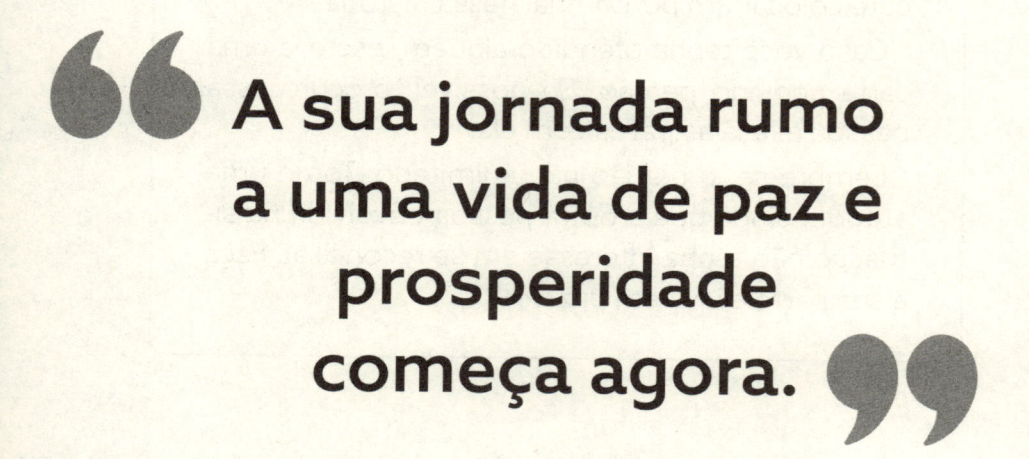

> **A sua jornada rumo a uma vida de paz e prosperidade começa agora.**
>
> TIAGO BRUNET

CAPÍTULO 10

O princípio da evolução espiritual:
a lei espiritual da invencibilidade

"Conheçamos o Senhor; esforcemo-nos por conhecê-lo."

OSEIAS 6:3

Não há paz e prosperidade sem espiritualidade.

Conhecer a Deus é algo inalcançável, infinito. Crescer no conhecimento de quem é Deus se trata de uma busca infindável. Se você sequer acreditava em Deus antes de começar a ler este livro, creio que agora já tem base suficiente para querer descobrir a verdade. Ele não só é real, como é imensurável e insondável. Ele pensou em tudo antes de nos criar, antes de formar o universo. Ele estabeleceu princípios para nos proteger e promover nossa peregrinação terrena. O nosso Criador é perfeito!

Ao ver o título deste capítulo, talvez você tenha se perguntado: "Por que evoluir espiritualmente é um princípio milenar?". Eu respondo: porque ninguém conseguiu, em todos os milênios da história humana, cumprir os nove primeiros princípios sem antes evoluir na vida espiritual. **Precisamos de apoio sobrenatural para seguir cada um dos preceitos que estudamos aqui.**

Eu nasci em um lar cristão. Meu pai, além de militar aposentado da Marinha, é pastor, assim como o seu pai tinha sido antes dele. Nunca tive dificuldade de entender a religião como um grupo de pessoas reunidas para cultuar ao Deus único e invisível. Ainda criança, aprendi que a palavra "religião" tem origem no latim *religare*, que, por sua vez, significa "religar, voltar a ligar ou conectar". Assim, a religião é o que nos religa a quem pensou em nós antes mesmo de nascermos, ao Criador. Que conceito bonito, não?

O único problema é que a religião praticada hoje em dia nem sempre está relacionada à verdadeira fé, uma vez que a fé bíblica não implica simplesmente ser fiel às regras ou aos dogmas de uma igreja (seja ela qual for), mas ajudar órfãos e viúvas e manter-se livre da contaminação deste mundo (veja Tiago 1:27). Ou seja, ajudar quem precisa e ficar longe de tudo que é "errado".

Apesar de parecer um conceito fácil e simples, colocá-lo em prática é difícil – muito difícil, acredite! **Sua evolução espiritual depende da sua resposta ao que você está lendo agora.** Geralmente queremos viver para nossas vontades e prazeres. Evoluir espiritualmente é o contrário: é viver pela vontade divina e matar nossos prazeres. Só que, no fim, temos a garantia de que tudo vai dar certo.

Ajudar quem precisa, e às vezes até quem não merece, mas está em necessidade, é sinal de evolução.

Frequentemente não o fazemos por causa das nossas emoções, que contradizem os princípios milenares. Conheço pessoas que estão há trinta anos em uma igreja, completamente encucadas com preceitos religiosos, com a mente definhada pelos achismos do seu próprio mundinho. Em todas essas décadas de contato com a religião, nunca evoluíram na espiritualidade. Nunca as vi socorrendo outras pessoas sem esperar nada em troca; a fofoca e a calúnia fazem parte de suas rotinas. Orar, ler a Bíblia e jejuar? Só se for na frente dos outros, para mostrar que são "espirituais".

Uma pessoa que está em evolução espiritual mostra sinais evidentes. Entre eles, nunca está na roda da fofoca, não tem o costume de usar palavras de baixo calão e não faz comentários imorais. Essas pessoas são conhecidas por seu espírito de serviço e presteza, não provocam conflitos, são pacificadoras, têm discernimento e domínio próprio, que é a prova de que o Espírito Santo – a ajuda do alto de que precisamos para cumprir os princípios – está nelas.

RESPIRANDO A EVOLUÇÃO ESPIRITUAL

Quando aprendemos de verdade uma lição, nós a absorvemos. Ela passa a viver dentro de nós e fica cravada na nossa memória. Pode até ser que você não pense nela todo dia, mas, como está na sua cabeça, é facilmente acionada quando se torna necessária, como um gatilho mental. Depois que aprendemos somas de unidades, não precisamos levantar os dedos para contar quanto é dois mais dois, pois automaticamente nosso cérebro nos diz a resposta.

O mesmo acontece com orientações para momentos de crise. Depois de ouvirmos as mesmas instruções várias vezes, sabemos como agir na hora do perigo. Por exemplo, antes de qualquer voo, os comissários dão aos passageiros as orientações de segurança: "Em caso de despressurização, máscaras de oxigênio cairão automaticamente do compartimento acima dos assentos. Coloque a máscara de oxigênio sobre o seu nariz e boca e respire normalmente. Somente depois ajude quem está ao seu lado".

Se você estiver em uma casa e ela pegar fogo, você sabe que deve procurar a saída o quanto antes, verificar a temperatura da maçaneta antes de abrir uma porta e evitar inalar a fumaça. Quem cresceu numa cidade com alto índice de violência, como é o meu caso, sabe que, se for surpreendido por um tiroteio no meio da rua, deve se abaixar e procurar abrigo atrás de um poste, prédio ou algo do tipo.

Quando informações como essas são completamente absorvidas, passam a viver dentro das pessoas, e elas sabem exatamente o que fazer ainda que estejam com medo ou tenham pouco tempo para pensar. Na hora do perigo, uma luz se acende e a memória diz: "É isso que você precisa fazer". Nós reagimos automaticamente com base em informações absorvidas ao longo da vida.

Se juntarmos esses exemplos, podemos concluir que existem algumas verdades que precisam morar em nós e serem protegidas pela fortaleza da convicção: fique longe de tudo que é mau; não ande com os perversos e injustos; seja honesto e verdadeiro; quando errar, arrependa-se rapidamente e resolva a questão com um pedido de perdão.

Um ditado popular afirma que o nosso verdadeiro eu é revelado quando somos pegos desprevenidos. Isso porque, nos momentos de crise, aquilo que guardamos em nosso coração vem à tona, da mesma forma que as instruções sobre colocar a máscara de oxigênio saltam à nossa mente em uma viagem de avião. É uma reação espontânea e, consequentemente, honesta.

Na espiritualidade também é assim. **É por isso que precisamos absorver os princípios milenares e praticá-los sempre, até que se tornem tão indispensáveis e naturais a nós como nossas mãos ou nossos pés.** É um processo longo, mas necessário.

As pessoas que evoluem espiritualmente guardam semelhanças entre si. Se você observar, verá que elas passam a ter atitudes idênticas e ficam parecidas no modo de agir. Listei a seguir dez características das pessoas que evoluem. Perceba que todas elas são resultado da aplicação prática do que você aprendeu até aqui:

- 1. Não são egoístas.
- 2. Priorizam ouvir a voz divina e cumprir sua vontade.
- 3. Têm uma vontade incontrolável de compartilhar a verdade.
- 4. São generosas e têm alegria em presentear.
- 5. Demonstram empatia e compaixão.
- 6. Servem aos demais sem esperar receber algo em troca.
- 7. Não julgam qualquer um, mas agem com misericórdia.
- 8. Não escutam ou participam de fofocas e intrigas.
- 9. São gratas por tudo.
- 10. Colocam o que é certo acima da própria vontade.

> Você observou que há pequenos quadrinhos ao lado de cada numeral na lista que apresentei? Leia novamente, e com atenção redobrada, cada uma das características. Marque um ✓ naquelas que você considera que já alcançou e um ✗ nas que ainda precisa desenvolver. A cada três meses, faça uma reavaliação e uma autocrítica a respeito do assunto e eleja uma característica à qual se dedicará com maior afinco.

A EVOLUÇÃO DE CRISTO

Jesus de Nazaré é nosso maior exemplo de evolução espiritual. Ele é totalmente Deus e, enquanto esteve aqui, foi totalmente humano. Jesus passou pelas mesmas necessidades que nós: sentiu frio, fome e sede. Sofreu como sofremos. Foi de carne e osso como somos e mostrou como as pessoas espiritualmente evoluídas agem no dia a dia.

Há duas histórias de sua breve passagem pela terra – ele viveu aproximadamente 33 anos – que nos ensinam muito a respeito do tema. Veja que existe um fato curioso em relação a essas situações: a primeira história é o marco inicial de seu trabalho espiritual na terra, seu ministério terreno; a segunda acontece no fim de sua vida sob esse céu.

Comecemos pelo princípio. Antes de iniciar seu ministério, pregando sobre a paz que o mundo não conhecia e o caminho para a vida eterna, o Mestre foi tentado por quarenta dias pelo Inimigo no deserto da Judeia. Em Mateus 4:3-9, lemos que o Diabo fez três tentativas de tirar

Jesus do rumo espiritual. Na primeira, ele disse: "Se és o Filho de Deus, ordena que estas pedras se transformem em pães" (v. 3). Na segunda, o tentador levou o Mestre à cidade santa, na parte mais alta do templo, e lhe disse: "Se és o Filho de Deus, joga-te daqui para baixo. Pois está escrito: 'Ele dará ordem aos anjos dele a seu respeito; com as mãos eles o segurarão, para que você não tropece em alguma pedra'" (v. 5, 6). Então, o inimigo faz sua tentativa derradeira. Ele levou o filho do carpinteiro "a um monte muito alto e mostrou-lhe todos os reinos do mundo e a glória deles. Ele disse: 'Tudo isto te darei se, prostrado, me adorares'" (v. 8, 9).

Havia quarenta dias que Jesus estava sem comer, e o príncipe das trevas o incitou a transformar pedras em pães para, assim, saciar sua necessidade básica e pessoal. A segunda tentativa mira no orgulho de Jesus: "Se és...". Quantas vezes já vimos alguém errar por querer provar algo para um colega do trabalho ou da faculdade ou membro da família? A pessoa se sente desafiada e faz o que não deveria. Puro orgulho.

A última tentativa do Inimigo da vida eterna daria certo com muitas pessoas: ele promete poder sobre todos os reinos do mundo em troca de adoração. O Nazareno provou ali que não era vaidoso e que preferia seguir seu caminho de evolução.

Passados cerca de três anos do evento conhecido como "A tentação de Jesus", quando estava prestes a ser preso e levado para a cruz, o Mestre sentiu o peso do sacrifício que lhe aguardava, pois sabia que estava no fim da vida terrena. Como está escrito em Mateus 26:36-39 (grifos meus):

> Então, Jesus foi com os seus discípulos para um lugar chamado Getsêmani e lhes disse:

— Sentem-se aqui enquanto vou ali orar.

Levando consigo Pedro e os dois filhos de Zebedeu, começou a ficar triste e angustiado. Então, lhes disse:

— A minha alma está profundamente triste, em uma tristeza mortal. Fiquem aqui e vigiem comigo.

Indo um pouco mais adiante, prostrou-se com o rosto em terra e orou:

— Meu Pai, se for possível, afasta de mim este cálice; contudo, não seja como eu quero, mas como tu queres.

A morte na cruz era terrível. Para Jesus, foi uma profunda dor que atraiu sobre ele agonia inenarrável. O Nazareno estava triste e angustiado – como muitos de nós ficamos quando precisamos lidar com situações difíceis –; por isso, consultou a Deus. O cálice, nesse texto, simboliza o sacrifício da morte na cruz em favor dos pecados de toda a humanidade. Ao dizer "Se for possível", o Mestre pediu uma alternativa, pois preferia não enfrentar o "cálice" que o aguardava. Contudo, afirmou que faria a vontade de seu Pai, porque sabia que a vontade de Deus era o bem de todos.

O Nazareno abriu mão da própria vontade para fazer o que era certo. Não foi egoísta. Teve compaixão. Venceu o medo, o pavor e a tristeza para seguir sua evolução e mudar a história da humanidade para sempre. O mais relevante é que ele não agiu assim em benefício próprio, mas por você e por mim.

A evolução espiritual é o caminho para você cumprir o seu destino na terra.

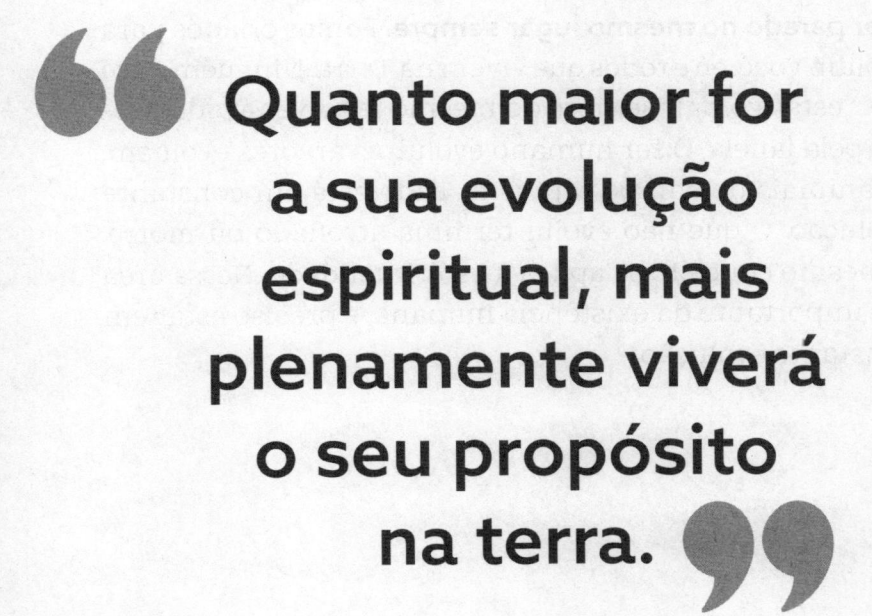

> **Quanto maior for a sua evolução espiritual, mais plenamente viverá o seu propósito na terra.**

TIAGO BRUNET

Seguir a religião foi relativamente fácil. A dificuldade surgiu ao descobrir a espiritualidade e passei a vivê-la. Isso porque a vida espiritual, diferentemente da religiosa, não depende de cumprimento de regras, mas de uma vivência baseada em princípios imutáveis e também de uma parceria com o Espírito Santo. Sem as duas, você não apenas é incapaz de ir muito longe; você simplesmente não anda!

Guarde esta verdade poderosa: **ninguém nasceu para ficar parado no mesmo lugar sempre**. Fomos criados para evoluir. Você, eu e todos que vivem na Terra. Ninguém deve ficar estático, agir sempre do mesmo jeito, ver a vida passar pela janela. O ser humano evolui, as árvores evoluem, os animais do campo também. Tudo está em constante evolução. O que não evolui termina atrofiado ou morre. O mesmo conceito se aplica à espiritualidade. Nessa área tão importante da existência humana, é preciso estar em constante evolução.

> Pare por uns segundos e reflita sobre o que você aprendeu até aqui. Pense nos princípios que estão nas páginas anteriores e em todas as leis espirituais que apresentei. Tudo isso fez com que você desse passos em direção à evolução espiritual. Agora que tem o conhecimento, você não pode parar!
>
> Anote nas linhas a seguir os principais conceitos aprendidos e como eles estão sendo aplicados na sua rotina. Faça isso sem consultar o restante do livro, de forma que você possa comparar sua resposta com o resto do conteúdo e, assim, identificar o que ainda precisa ser absorvido.
>
> _____
> _____
> _____
> _____
> _____
> _____
> _____
> _____

O AMOR É O PRINCÍPIO DE TUDO

Afinal, o que é evolução espiritual?

Antigamente, quando alguém maltratava ou contradizia você, sua resposta se baseava em suas emoções;

agora, você age de acordo com o está escrito no Livro da Sabedoria Milenar. Essa diferença de conduta é profunda e transformadora. Agora, você tem domínio das suas emoções e pensa na outra pessoa, apesar de ela falar e agir de forma indevida. Essa é uma clara demonstração de evolução espiritual.

Em vez de guardar rancor, você perdoa quem feriu seus sentimentos. Sua posição é a de quem alimenta o inimigo que tem fome, ainda que ele tenha perseguido ou falado mal de você e da sua família. Agora você não tem mais a ideia de que tem que "gostar" de todo mundo; na verdade, criou a consciência de que deve amar o próximo. Gostar é sentir prazer ou agradar-se com algo ou alguém. Gostar é um sentimento. Amar, por sua vez, é um mandamento. Então, quando você ama, começa realmente a progredir espiritualmente. **Amar gera evolução espiritual.**

Do contrário, como é que nós iríamos amar os nossos inimigos, conforme a ordenança de Jesus em Mateus 5:44, se eles nos fizeram tanto mal? Amar é praticar o poder de se colocar no lugar da outra pessoa e, assim, sentir o que ela sente de tal modo que não dá para seguir a vida sem fazer algo para ajudá-la. Mas, se o amor fosse um sentimento, como iríamos ajudar pessoas que nem conhecemos?

Deus está no coração de quem assiste a uma catástrofe e não segue sua vida. Na reação de quem tem amor suficiente para se colocar no lugar dos outros e interferir positivamente na vida de quem está sofrendo. Isso significa diminuir a dor dos outros, pois Deus não existe para impedir as angústias, mas para levantar aqueles que vão diminuir a dor de muita gente. Lembre-se disto: no fim dos tempos, ficarão a fé, a esperança e o amor – e a Bíblia diz que o maior destes é o amor.

A Parábola do Bom Samaritano, registrada em Lucas 10:25-37, contada por Jesus no Livro da Sabedoria Eterna, derruba qualquer dúvida que possa surgir pelo seu caminho. A história fala de um homem que ajudou um desconhecido ferido. Até aí, nada de mais, não é? Mas preste atenção aos detalhes: aquele que ajudou era samaritano, e o que recebeu ajuda, judeu. Samaritano era a denominação dada ao povo da região de Samaria, que não se dava com os judeus, nome dos descendentes da tribo de Judá. Já fazia séculos que questões políticas e religiosas afastavam os dois grupos. Muitos deles simplesmente nutriam ódio um pelo outro.

Não foi à toa que o Mestre escolheu esses personagens para a história, que foi contada para responder à pergunta "Quem é o próximo a quem devo amar?". Jesus, diante de judeus, falou do samaritano que ajudou um judeu desconhecido. O judeu havia sido roubado, espancado quase até a morte e abandonado à beira de uma estrada. O samaritano estava de passagem, viu a cena e parou, porque não conseguiu seguir sem antes ajudar o homem em agonia, solitário e sem esperança. Isso é amar.

Essa narrativa pode ser adaptada para os nossos dias. É comum, principalmente nas grandes cidades, vermos pessoas em situação de rua perambulando ou deitadas pelas calçadas. Uns pedem dinheiro, outros comida ou roupas. Alguns estão machucados, dormindo ou desacordados no chão. Você não conhece aquela pessoa e nunca a viu antes, mas que tal parar e ajudá-la? Foi o que o Bom Samaritano fez.

Em resumo: amar não é gostar. Amar não exige conhecer o outro. Amar não exige laços afetivos que motivem sua ação. **Amar é sentir o que o outro sente e decidir fazer algo por aquela pessoa.** E aqui está um ponto que você não pode mais ignorar: o amor é uma prova de evolução espiritual, que é o que nos faz, a cada dia que passa, sermos pessoas melhores.

Independentemente do seu humor, da sua simpatia e do seu temperamento, você vai começar a cumprimentar mais pessoas, a sorrir mais, a reclamar menos e a agradecer mais. Essas são provas do seu amadurecimento e da sua evolução espiritual. Sim, você deve agradecer por tudo, até mesmo por aquilo que você não compreende.

Você vai começar a honrar as pessoas que merecem honra, vai ser generoso, vai ter maturidade para enfrentar os percalços da vida, vai falar somente a verdade, vai escolher as palavras com cuidado.

Quando praticar todas as leis espirituais que aprendemos aqui, você estará em plena evolução espiritual. Pode parecer difícil cumprir esses princípios no começo, mas você já sabe que, se quiser evoluir, esse é o único caminho. A grande notícia é que, ao inseri-los na sua rotina, logo não terá mais dúvidas de como agir e passará a subir pela estrada da evolução espiritual.

As pessoas espiritualmente evoluídas conseguem, de fato, transformar o mundo ao seu redor. Todos temos o poder de transbordar sobre as pessoas o que carregamos dentro de nós. Uns derramam ódio, mas os espiritualmente evoluídos transbordam paz, bons conselhos e socorro.

Agora o conhecimento sobre as leis espirituais chegou até você. Não é mais possível dizer "Eu não sabia". A estrada da evolução espiritual está aberta para que você caminhe por ela e continue crescendo. A partir de hoje a depressão não achará mais o endereço de sua mente, a quebra financeira jamais alcançará seu negócio, a ansiedade não saberá onde fica sua casa, o medo excessivo, a tristeza profunda e o ódio não conseguirão te encontrar, porque você estará guardado no esconderijo do grande Deus. O motivo disso tudo é:

Quem está em evolução tem proteção!

    Se você quer começar seu processo de evolução espiritual hoje, biblicamente falando, o primeiro passo é crer em seu coração que Jesus Cristo morreu na cruz, que no terceiro dia ele ressuscitou dos mortos e que hoje está vivo por toda a eternidade. Então, você deve confessar com seus lábios que ele é o seu Senhor e Salvador. O segundo passo é arrepender-se dos seus pecados, confessá-los e desejar profundamente não voltar mais a praticá-los.

    "Mas, Tiago, e se eu morrer e descobrir que Deus não existe? Que não havia espiritualidade?" Se não tenho como aliviar seus anseios e fortificar sua fé para acreditar em Deus e na eternidade como eu, te digo o seguinte: se você morrer e descobrir que tudo isso não era bem assim, você ainda foi um ser humano melhor. Cuidou da sua família, pagou os impostos, ajudou os pobres, não enganou ninguém, não matou, não roubou – tudo porque a espiritualidade te conduziu. Você viveu com paz e prosperidade.

    Por isso, comece seu processo agora!

    Se for seu desejo prosseguir, repita comigo esta oração:

> Senhor Deus,
> Eu aceito Jesus como meu Senhor e Salvador. Sou grato porque ele morreu e ressuscitou para que hoje eu tivesse esperança de viver eternamente.

Perdoa meus pecados. Confesso que vivi fora dos teus caminhos e contra a tua verdade. Mas, arrependido, peço a tua misericórdia.

Escreve meu nome no livro da vida!

Que a partir de hoje já não viva mais eu, mas que Cristo viva em mim.

Te peço isso em nome de Jesus, amém!

Paz e prosperidade.

AGRADECIMENTOS

Este livro é fruto da cooperação de uma grande equipe.
    Sou grato aos meus colaboradores do Instituto Destiny, ao meu irmão Daniel Brunet, que me ajudou com os textos e as revisões, e à Gisele Romão, que desde o início da minha carreira sempre contribuiu com ideias e com seu talento nas edições. Sou grato à Clarissa Melo e à Editora Planeta por todo o apoio que tornou esta obra possível.
    Agradeço a Javier Cornejo, meu editor em espanhol e em inglês, que me apoia desde o início de tudo. Sou grato também a Marcos Simas, um dos primeiros "caça-talentos" a acreditar em mim como escritor.
    Ofereço ainda minha gratidão aos milhões de leitores mundo afora que devoram as páginas de nossos livros, buscando sempre sabedoria do alto através de cada frase que escrevo. Sem vocês, nada disso estaria acontecendo!
    Por fim, agradeço ao Espírito Santo de Deus. É ele que me inspira a escrever e que sopra em meus ouvidos o que deseja falar. Sou apenas um instrumento.
    Obrigado.

**Acreditamos
nos livros**

Este livro foi composto em Mala e Azo Sans
e impresso pela Geográfica para a Editora
Planeta do Brasil em setembro de 2024.